JULES POIRIER

CORRESPONDANCE

DE

NICOLAS-MEMMIE MOGUE

TERRORISTE ARDENNAIS

AUTEUR DES NOYADES ET DES FUSILLADES EN VENDÉE

[illegible]

D'UNE ÉTUDE BIOGRAPHIQUE

SUR

LA VIE DE MOGUE

REIMS

IMPRIMERIE ET LITHOGRAPHIE MATOT-BRAINE

Henri MATOT ([illegible]), Fils et Successeur

6, Rue du Cadran-Saint-Pierre, 6

19[illegible]

M. Charles Aubert
Avocat
A Rocroi (Ardennes)

CORRESPONDANCE

DE

NICOLAS-MEMMIE MOGUE

OUVRAGE TIRÉ A 425 EXEMPLAIRES

SUR PAPIER SPÉCIAL DES PAPETERIES DU MARAIS

Dont 10 sur Japon

N° 40

JULES POIRIER

CORRESPONDANCE

DE

NICOLAS-MEMMIE MOGUE

TERRORISTE ARDENNAIS

AUTEUR DES NOYADES ET DES FUSILLADES EN VENDÉE

PRÉCÉDÉE

D'UNE ÉTUDE BIOGRAPHIQUE

SUR

LA VIE DE MOGUE

REIMS

IMPRIMERIE ET LITHOGRAPHIE MATOT-BRAINE

Henri MATOT (A ✠), Fils et Successeur

6, Rue du Cadran-Saint-Pierre, 6

1901

AVERTISSEMENT

La Correspondance de Nicolas-Memmie Mogue est le premier volume d'une série de documents que nous nous proposons de mettre au jour sur la Révolution en Champagne.

Les minutes de ces lettres écrites par le terroriste pendant sa détention dans les prisons de Sedan et de Mézières, en attendant sa comparution devant le tribunal qui devait l'envoyer à l'échafaud, sont déposées aux Archives départementales des Ardennes, *à Mézières.*

Un certain nombre de ces lettres sont arrivées à leurs destinataires ; d'autres, pour des raisons particulières, ont été retenues par l'instruction. Les originaux des premières ont été recueillis par un ami qui a bien voulu nous les confier.

Cet ami tenant à conserver l'anonyme, nous ne le nommons pas, mais nous lui renouvelons, ici, l'expression de notre vive reconnaissance pour ses communications.

Nous ne croyons pas posséder toute la Correspondance de Mogue. Comme tant d'autres documents dont on n'a pas apprécié l'exacte valeur, plus d'une lettre a dû être détruite. Et le dépôt départemental qui, par une mesure administrative aussi inutile qu'inexplicable, ne communique pas certains documents de la période révolutionnaire, ne paraît pas posséder autre chose que ce que nous donnons.

Le rôle historique de Mogue est à peu près inconnu des historiens de la Révolution. M. Aulard, qui a eu à sa disposition de si nombreux documents ; M. Chassin, l'auteur des guerres de la Vendée ; M. Wallon, l'historien de la Terreur, et tant d'autres noms qui occupent une place dans l'histoire, ne parlent pas de Mogue.

C'est donc un point obscur de l'histoire particulière de la Champagne que nous éclaircissons, et une contribution nouvelle que nous apportons à l'histoire générale de la Terreur.

J. P.

Paris, Juin 1901.

CORRESPONDANCE

DE

NICOLAS-MEMMIE MOGUE

La Vie de Nicolas-Memmie Mogue

Sous le régime de l'Assemblée nationale de 1789, le peuple avait joui d'un bonheur depuis longtemps inconnu, grâce aux libertés qu'il reçut de ce gouvernement. Mais bientôt des intrigants travaillèrent sourdement à renverser cette Assemblée. Ils réussirent dans leur tentative, le 13 septembre 1791, en donnant à la France l'Assemblée législative. Cette dernière laissa bientôt libre carrière aux Jacobins; la Convention suivit, et, elle aussi, élargit le champ d'action de ce parti. Dès lors, partout, on vit se former des clubs, des sociétés populaires où « la tyrannie « avait son trône dans le sein de la Société-mère et « parcourait l'échelle des clubs de département, de « district et de canton, de leurs commissaires respectifs, « des comités, des tribunaux et des armées révolution- « naires, prescrivait, égorgeait ou rançonnait tout ce qui « n'appartenait pas à quelqu'une des affiliations domina- « trices » (1).

Le Jacobinisme ne tarda pas à révéler son égoïsme. Comme le fit autrefois la noblesse, le nouveau parti s'arrogea « le privilège de disposer de la fortune « individuelle et publique, de s'enrichir de concussions « et de brigandages, de frapper de captivité ou de mort

(1) *Rapport sur les Clubs et les Sociétés populaires* fait à la Convention nationale, par Mailhe, de la Haute-Garonne, le 6 fructidor an III (23 août 1795), p. 2.

« tout homme qui, ayant des connaissances, du bien, de « l'industrie ou du courage ne montrait pas un dévoue- « ment servile à leur atroce système, et c'est par la « terreur que, toujours attachés aux traces de l'ancienne « noblesse, ils comprimaient l'indignation du peuple et « soutenaient l'étonnant et monstrueux édifice de leur « puissance » (1).

Des membres de la Convention reçurent là mission d'aller implanter ce régime dans les départements. Hentz, Delacroix, Deville et Milhaut vinrent dans celui des Ardennes. Le 9 mai 1793, ils créèrent un Comité de Salut public à Mézières, et, à Sedan, un Comité de surveillance.

Bientôt le mal s'étendit, car il fallait pourvoir à la besogne du Comité de Salut public et du Comité de surveillance. Des Sociétés populaires furent établies dans toutes les communes importantes ; elles devinrent les pourvoyeuses des susdits comités. Vingt-sept de ces comités fonctionnèrent de suite dans le département des Ardennes, et ils envoyèrent, à leur tour, leurs victimes dans les prisons lorsqu'elles échappaient à l'échafaud.

Ce régime de terrorisation eut à sa tête les délégués de la Convention et Mogue, « dont le nom criminellement « célèbre retentit depuis les rives de la Meuse jusqu'aux « bords de la Loire, et les départements de l'Ouest, « témoins et victimes de ses fureurs, attestent, comme « celui des Ardennes, l'immoralité et les crimes du pré- « tendu *propagateur des droits de l'homme* » (2).

Nous allons essayer de faire connaître ce Mogue, ignoré jusqu'ici de tous les historiens de la période révolutionnaire, depuis son entrée en scène jusqu'au jour où la justice, après avoir repris sa place, lui a demandé compte de ses actes.

Nicolas-Memmie Mogue naquit, le 16 décembre 1766, à Ville-sur-Lumes, petite commune du canton de Mézières,

(1) *Rapport sur les Clubs et les Sociétés populaires* (loc. cit.), p. 4.
(2) *Acte d'accusation contre les oppresseurs du département des Ardennes*, in-4° de 91 pages (se trouve chez la Vve Trécourt, imprimeur du tribunal criminel), p. 4.

département des Ardennes. Ses parents étaient des laboureurs aisés. Ils avaient rêvé pour ce fils une autre destinée que celle qu'il eût en partage et l'avaient placé, de bonne heure, au collège de Charleville pour y faire ses humanités. Dès son entrée dans cet établissement d'instruction, Mogue se fit remarquer de ses maîtres par son intelligence et la vivacité de son imagination, qualités qui ne firent que croître avec l'âge.

L'état social de la fin du siècle fixa son attention. La société lui apparut avec ses privilèges et ses abus, la voie parcourue laissait derrière elle trop d'inégalités. Il pensa qu'il y avait quelque chose à faire pour aplanir ces inégalités, pour réprimer les abus et détruire les privilèges. Il créa dans le collège même, alors qu'il était élève de troisième, une Société qui prit le nom de *secte des Sans-Gêne*, dont les principes étaient : « Égalité la plus par« faite entre les hommes, servir et secourir les malheu« reux, faire une guerre à mort à tous les ennemis et à « tous les oppresseurs de l'humanité, et particulièrement « aux nobles et aux prêtres » (1).

Cette Société fut arrêtée dans son développement. Son créateur fut-il mis à la porte du collège ? Nous ne pouvons le dire. Le fait est que, la même année, nous trouvons Mogue préparant un stage dans une étude d'avoué. Le 31 juillet 1789, il obtint le baccalauréat en droit, et la licence le 1er janvier suivant. Le 13 avril 1790, il sollicita son inscription en qualité d'avoué au tribunal du district de Charleville ; il ne fut pas admis. Une ordonnance rendue à sa requête n'autorisa que la transcription de ses lettres de licence sur les registres du tribunal « parce que, « dit cette décision juridique, Mogue a bien travaillé cinq « années, huit mois chez différents praticiens, mais que « dans cette supputation il n'avait travaillé qu'environ « trois ans chez des procureurs et que le reste des cinq « années, huit mois, le dit Mogue aurait été commis du

(1) *Lettre de Mogue à tous ses frères de la Société* — Société populaire de Sedan — *et des Tribunes*, datée de la citadelle de Sedan, le 19 thermidor an II.

« greffe du ci-devant baillage de Charleville et clerc « chez des huissiers royaux, d'où il résulte qu'il n'a pas « fait chez les procureurs le temps de cléricature requis « ...que, conformément à la loi du 11 février dernier, « le dit Mogue ne pourrait exercer la profession d'avoué « qu'après avoir fait encore deux années de cléricature « chez des avoués ».

Mogue pouvait espérer, à une date assez rapprochée, occuper une place qui lui concilierait l'estime de ses compatriotes et lui assurerait un nom honoré et respecté. A cette vie d'honneur et de travail, il préféra non pas les luttes de la politique dans lesquelles l'homme brille par le talent ou la sagesse de ses principes, mais celles qui conduisent à la désorganisation sociale par le crime, le vol et les autres accessoires d'une tyrannie désordonnée qui prime le droit et la raison.

Dès son entrée dans la lutte politique, Mogue, incertain du résultat de la Révolution, ne se jeta pas dans les bras de celle-ci. Jusqu'en 1789, lui qui devait combattre plus tard les prêtres et la Monarchie, était leur fervent soutien. Le 28 octobre, il adresse au président de l'Assemblée nationale des observations imprimées dans lesquelles il prétend démontrer la légalité de la propriété du clergé sur les biens que celui-ci possède ; pour Mogue, la vente des biens nationaux est un vol, et, comme conséquence, il prédit qu'en « effet les fondemens du catholicisme vont « s'ébranler plus que jamais ; la populace qui ne se repaît « que d'erreurs et de préjugés, se persuadera bientôt que « notre religion est un abus, si l'on veut ôter à ses minis-« tres les ressources qui en font l'âme et la vie ; si au « lieu de les protéger, on prétend ravir les dons volon-« taires que la bonne foi et la piété ont consacrés à la « gloire de la religion, au culte de la divinité et à l'entre-« tien de ses ministres. La populace, dis-je, va déjà se « berçant de l'espoir qu'elle sera libre dans son culte et « dans ses actions. Eh ! que deviendrons-nous une fois « que la religion, le seul frein du vulgaire, ne le main-« tiendra plus dans l'ordre et le devoir ».

Mogue, poète à ses heures, composa pour la Monarchie un poëme intitulé : *Ode sur les Révolutions de la France, dédiée à la Nation,* et commençant par ces vers :

O tems à jamais mémorables
Tems admirés de l'Univers !
Du peuple, oppresseurs exécrables,
Tremblez,... Louis brise vos fers.

Après avoir défendu les biens du clergé et soutenu la Monarchie, le clergé en la personne de ses membres fut l'objet de la sollicitude de Mogue. En 1791, alors que le torrent révolutionnaire a cependant marqué les lignes de son cours, un certain Caudart ayant manifesté ses craintes à Mogue sur le sort de ses deux frères, prêtres insermentés, le futur terroriste lui donne, le 6 mars, l'assurance que ses frères ne courrent aucun péril parce que « les « 7/8e des prêtres n'avaient pas prêté serment et qu'on ne « pouvait pas présumer que les autres feraient un serment « dont tout concourrait à les éloigner ».

A cette époque, Mogue habitait Charleville où il avait établi un cabinet d'affaires. Il avait pour enseigne un « tableau civique » que la gravure a transmis jusqu'à nous (1).

(1) Une description de cette enseigne nous paraît ici chose à propos. A droite, au premier plan, un homme convenablement vêtu est couché à terre. Il tient, dans sa main gauche appuyée à terre, un sceptre ; dans la main droite, levée en l'air, ployée à hauteur du coude, il a un poignard la pointe en l'air ; sous lui, entre l'épaule et le coude gauches, sort un ruban terminé en flamme, sur lequel est écrit : « J'ai régné » ; sur sa poitrine, se dresse la Liberté tenant de la main gauche « la déclaration des droits de l'homme ». Une inscription placée en dehors nous apprend que le personnage en question est le despotisme.

Au milieu, au second plan, une boule sur laquelle se voient trois fleurs de lys supportant un génie aux ailes déployées. Il tient entre ses mains, les bras étendus, une étoffe plissée sur laquelle on lit :

Homme de loi,
Français, entrez ici ; l'ami de la nature
Y deffend l'innocence, y confond l'imposture ;
Fléau de tout abus, il est l'appui des loix.
Secourir les mortels est sa seule espérance,
Il prête aux malheureux et sa plume et sa voix,
Qui sert la liberté n'est pas sans récompence.

MOGUE, citoyen.

A gauche, au premier plan, une femme à moitié nue, couchée à terre, les cheveux

Voyons un peu comment « cet homme de loi » entendait ses devoirs de citoyen.

Nous retiendrons deux faits seulement. En 1791, lors d'un passage de troupes à Charleville, Mogue eût à loger, comme ses concitoyens, deux militaires. Lorsque ces soldats se présentèrent sur le seuil de sa porte, il se refusa à leur ouvrir. En présence de l'insistance des porteurs du billet de logement, il s'arma d'un pistolet à chaque main et menaça ces soldats de faire feu s'ils ne se retiraient pas sur-le-champ. Mogue pour payer ses contributions plaide contre l'Administration. La municipalité de Charleville rendit, les 17 décembre 1791 et 26 mai 1792, deux sentences exécutoires contre ce récalcitrant contribuable. Mogue, l'homme de loi, excellent retors en la matière, se déroba à ces deux jugements en les frappant de nullité. Le district saisi de cette affaire rendit, le 30 juillet, un arrêté contraignant Mogue à acquitter ses contributions. Il ne voulut pas se soumettre davantage à l'arrêté du district qu'il ne s'était soumis à celui de la municipalité ; il fallut que le Directoire intervint. Il confirma, par arrêt du 3 août, non seulement les décisions antérieures des autorités, mais il enjoignit au procureur syndic du district de dénoncer Mogue « pour « raison des imputations de faux qu'il s'est permises « envers la municipalité de Charleville ».

Lorsque l'accusateur public se basera sur ces faits pour démontrer aux juges de Mogue que le patriotisme de cet homme n'est qu'une façon de mieux tromper sur sa per-

hérissés, la figure ridée par d'affreuses contorsions. Sous elle passe un serpent ayant sur la tête, perpendiculairement, une bande avec l'inscription : *Je meurs.* Le devant du corps et le côté gauche sont couverts d'inscriptions pour la plupart illisibles. On distingue seulement les mots : *Arrêt de la Cour, 53e rôle de greffier. Exposition, appel en cassation, dépenses taxées 1,500 livres.* Plus bas, le mot *chicane* fait connaître le personnage figuré. Sur sa poitrine se dresse une femme nue tenant dans la main droite, abaissée vers la terre « la constitution française de 1789 » ; dans la main gauche levée, un soleil.

Au second plan, à hauteur de la ceinture du sujet, se dresse un arbre sur les branches duquel s'appuie un ruban portant cette inscription : *Création des juges de paix.*

(Cette description est faite d'après une gravure que notre compatriote M. J.-B. Brincourt, de Sedan, a bien voulu nous communiquer pendant un séjour que nous fîmes dans cette ville).

sonne, l'accusé répondra que son domicile légal étant à Lumes — où il n'habitait jamais — c'est dans cette commune qu'il doit acquitter ses contributions et loger les militaires de passage.

Le cours des évènements marqua rapidement la route à suivre. La Révolution battait son plein ; la tourmente dans laquelle les Jacobins s'agitaient, disputant aux Girondins tous les pouvoirs, indiquait à Mogue que l'heure était venue pour lui de prendre place dans le camp Jacobin. Il revint à Ville-sur-Lumes ; là, loin du tracas des affaires, dans le recueillement que le silence de la campagne accorde à tout penseur, il brisa ce qu'il avait adoré.

La constitution monarchique de la Constituante reçut ses premiers coups ; il écrivit deux brochures, l'une contre le *veto royal*, l'autre contre le *marc d'argent*, qui le désignèrent à l'attention des représentants du peuple en mission dans les Ardennes. Ceux-ci demandèrent une audience à l'auteur, à la suite de laquelle ils reconnurent en Mogue un instrument dont l'audace et l'intelligence serviraient à point leurs projets. Ils s'attachèrent Mogue en qualité de commissaire, le recommandèrent à l'administration départementale qui, sous la férule des protecteurs *du propagateur des droits de l'homme* ne pût, sans leur déplaire, ne pas employer Mogue. L'Administration ne tarda pas à le regretter.

Le 2 mars, sur l'avis du procureur général, Mogue fut envoyé à Sy, district de Grandpré, où plusieurs domestiques d'émigrés, émigrés eux-mêmes, avaient lancé des faux assignats (1). Mogue se conduisit de telle façon que, le 8 du même mois, l'Assemblée départementale dut déléguer un de ses membres dans la commune de Sy, pour y ordonner « toutes les mesures qu'il jugera convenables, telles que l'éloignement de la force publique « et la cessation du pouvoir du citoyen Mogue » (2).

Mécontent de ce rappel, Mogue, pour se venger, menaça

(1) *Arch. départem. des Ardennes.* Série L. Registre 13, p. 45.
(2) *Arch. départem. des Ardennes.* Série L. Registre 13, p. 49.

l'Administration d'un long mémoire de dépenses ; le département fut obligé de recourir au représentant du peuple, à Sedan, pour trancher cette question.

On trouve dans un registre de délibérations de cette Administration la note suivante : « Comme il (Mogue) n'a « pas été employé à cette expédition seulement, nous ne « pouvons que trembler en voyant le premier échantillon « des dépenses excessives qu'il paraît avoir occasion- « nées » (1).

Après cette affaire on pourrait penser que l'Administration ne se servit plus de Mogue. La dépendance absolue, la tutelle — le mot serait plus juste — dans laquelle elle était tenue par le représentant du peuple, fit que, le 10 avril, une nouvelle mission fut confiée à Mogue, à La Neuville (2) pour agir contre des fabricants de faux assignats. Le 22 avril, on apprend que des prêtres réfractaires se sont réfugiés dans le château de Vaux ; Mogue est envoyé pour les découvrir et instruire leur procès.

Les 8 et 9 mai, les représentants du peuple décident que l'abbaye des Bénédictins de Florenne, le couvent des religieuses de Couvin, celui des Récollets de l'Hermitage, dépendances du pays de Liège, sont frappés par les lois et décrets concernant les autres maisons religieuses du territoire français. Mogue fut chargé d'appliquer ces lois et décrets ; au cours de cette mission de trois jours, il dépensa 734 livres, la plupart en « vin mousseux ».

*
* *

Le 9 mai 1793, un Comité de Salut public est constitué à Mézières. Mogue en fut nommé membre pour le district de Charleville ; il en devint même vice-président. Les vexations de ce Comité ne tardèrent pas à faire naître de

(1) *Arch. départem. des Ardennes.* Série L. Registre 72, p. 105.
(2) *Arch. départem. des Ardennes.* Série L. Registre 72, p. 76.

nombreuses plaintes, qui trouvèrent un écho auprès de l'Administration départementale ; elles furent transmises aux représentants du peuple.

On ne pouvait guère compter sur l'intervention de ces représentants qui étaient, sinon les inspirateurs, tout au moins les approbateurs des mesures prises par le Comité de Salut public. L'Administration, lasse de ne trouver aucun protecteur en ceux qui étaient nommés pour cela, décida, le 24 mai, de provoquer une réunion des représentants de chaque district auxquels se joindraient les municipalités de Mézières et de Charleville pour rédiger une protestation qui serait envoyée à la Convention. La réunion de ces délégués fut fixée au 27 mai.

Ce jour-là, le Comité de Salut public avait aussi une réunion. Au moment où les membres du Comité de protestation se rendaient au lieu de leur séance, l'attention du Comité de Salut public fut attirée par le va-et-vient qui avait lieu sur la place. Ce comité, ignorant les mesures prises par l'Administration, délégua Mogue et un nommé Brion pour s'enquérir des causes de ce mouvement. Arrivés sur la place de la Révolution, les deux délégués apprirent de la bouche même de plusieurs congressistes, la raison de leur présence. Mogue et Brion vinrent rapporter cette décision au Comité de Salut public qui prit sur-le-champ une délibération conférant le pouvoir à Mogue de le représenter au Congrès de l'Administration. Le délégué entra dans la salle des séances au moment même où un membre donnait lecture du rapport réclamant la suppression du Comité de Salut public. Cette lecture terminée, plusieurs membres quittèrent la réunion suivis de Mogue qui les interpella et leur déclara que leur Assemblée « paraissait insurrectionnelle ; qu'au surplus « elle était illégale et clandestine, puisque personne n'en « avait eu connaissance, pas même ceux qui étaient « membres de l'Assemblée et attachés au département « qui l'avait convoquée. »

Ces propos furent rapportés par les témoins à la tribune de l'Assemblée départementale où Mogue, appelé à se justifier, les maintint et somma le président de dissoudre la réunion. Sur le refus qui accueillit sa demande, Mogue se retira au Comité, de qui il reçut la mission expresse de dissoudre la réunion. Pour cela faire, on lui adjoignit un autre membre du Comité, un nommé Vassant, qui a commis, dans le département des Ardennes, sa part de forfaits et de crimes.

Mogue et Vassant, dès leur entrée dans la salle, firent part de leur mission ; Vassant fut le porte-parole. Mais sa sommation eut le même écho que la première faite par Mogue. Celui-ci, en proie à la plus violente irritation s'écria : « Président riche, fais voir ton autorité : au nom « des pauvres dont nous soutenons ici les droits et les « intérêts, je te somme de me maintenir la parole. » En même temps Vassant, les poings fermés, lançait au secrétaire de la réunion cette apostrophe : « Routa, tu t'en « souviendras ».

Ce fut bientôt dans la salle un tumulte indescriptible ; personne ne pouvait se faire entendre, des groupes s'étaient formés de tous les côtés parmi lesquels des partisans du Comité de Salut public approuvaient la conduite de ses délégués alors que les adversaires réclamaient l'expulsion de ces délégués. Un moment de silence se fit cependant dans ce tumulte ; Vassant en profita pour déclarer que si « l'Assemblée ne se sépare pas, lui et son « collègue vont haranguer le peuple sur la place. » A ce moment, en effet, le bruit de l'intérieur de la salle avait attiré un fort rassemblement d'habitants devant cette salle et on y discutait avec la même ardeur que les congressistes. L'Administration, dans sa sagesse, refusa d'offrir à Mézières le spectacle d'une émeute populaire ; elle leva la séance et remit au lendemain la rédaction de sa protestation (1).

Cet évènement ne fit que surexciter les esprits. Le Comité de Salut public en général, mais Mogue en particulier, fut en butte aux attaques des partisans de l'Admi-

(1) *Arch. département. des Ardennes.* Série L. 72 Registre 684 p. 13.

nistration ; de là naquirent de nouvelles vexations qui provoquèrent des mesures regrettables.

En ce qui concerne Mogue particulièrement, nous avons retrouvé un document qui montre bien l'horreur que cet homme inspirait à la population. Le 12 juin 1793, le Comité de Salut public tenait une séance dans son local situé au-dessus de la porte d'entrée de la Citadelle. Un nommé Rossignol, garçon brasseur à Charleville, se présenta sous les fenêtres du Comité et y proféra des menaces contre Mogue et Barreau, ce dernier également membre du Comité. Mogue ordonna à la garde d'arrêter Rossignol. Celle-ci, au lieu d'exécuter l'ordre qu'elle venait de recevoir, favorisa à Rossignol l'entrée de l'escalier donnant accès dans les locaux du Comité. Il en gravit rapidement les marches et fit irruption dans la salle ; arrivé en face du bureau de Mogue, il dit à ce dernier :

— C'est à toi que j'en veux, vieux bougre de scélérat ; il faut que je t'assassine et la journée ne se passera pas que je n'aie fait la fin de toi.

Les membres du Comité appréhendèrent Rossignol au collet et le mirent hors d'état d'exécuter ses menaces en le faisant déposer dans un des cachots de la citadelle. Mogue, remis de l'émotion que lui causèrent les menaces de Rossignol, se rendit auprès du prisonnier. Sa présence, loin de le faire s'amender, surexcita sa colère.

— Te voilà, sacré bougre de coquin ; j'aurai ta vie, tu périras par mes mains avant six heures du soir.

— Mon ami, repartit Mogue, vous avez été égaré par les malveillans ; nous ne cessons jour et nuit de prendre des mesures pour soulager le peuple et sauver la République, tenez voilà des arrêtés et des proclamations qui vous prouveront que nous ne cessons de prendre des mesures pour venir à votre secours et à celui de vos concitoyens (1).

(1) *Arch. départem. des Ardennes.* Série L., registre 684, p. 22.

Rossignol prit ces papiers et les foula à ses pieds continuant ses menaces qu'il accompagnait de gestes. Son interlocuteur, effrayé de son attitude, jugea prudent de se retirer. Il était à peine rentré dans la salle du Comité que Rossignol, échappé de son cachot, y faisait irruption, plus surexcité que jamais. Cette fois, le prisonnier aurait mis ses menaces à exécution si ce n'eût été l'arrivée d'un détachement de troupe à la faveur duquel Mogue put s'enfuir.

Cette leçon aurait dû profiter au soi-disant « propagateur des droits de l'homme » et à ses amis du Comité ; ils continuèrent dans la voie où ils s'étaient engagés. De nouvelles menaces furent dirigées contre eux et contraignirent le Comité à quitter Mézières par mesure de sécurité. Pendant la nuit du 2 au 3 juillet, vers onze heures du soir, Mogue et deux de ses amis, Barreau et Ernouf, emportèrent les registres et les papiers du Comité. Ils étaient déjà arrivés au Pont-de-Pierre, un des faubourgs de la ville de Mézières, cherchant à gagner Sedan, quand une patrouille de la garde nationale, suspectant leur présence à cette heure, à cet endroit et chargés de ballots, les arrêta (1).

Le lendemain, les prisonniers comparurent devant les représentants du peuple Calès et Massieu qui, après un court interrogatoire, les remirent en liberté et acceptèrent la démission de Mogue en qualité de vice-président du Comité.

Dans la journée, au cours d'une réunion des représentants du peuple et de l'administration départementale, les attributions du Comité de Salut public furent modifiées, ce qui donna une certaine satisfaction à l'opinion publique. Les membres de l'ancien Comité se réfugièrent à Vrigne-aux-Bois. La terreur qu'inspirait Mogue le fit mettre en arrestation par le maire de cette commune, qui ne consentit sa relaxion que sur les pressantes démarches des représentants du peuple.

(1) *Arch. départem. des Ardennes.* Série L., registre 13, p. 135.

Mogue se réfugia à Sedan. Ici encore le mépris public le suivit, et, le 7 juillet, sa tête fut demandée à grands cris par la population. Il échappa encore à la mort, grâce à une troupe de soldats, mais il quitta Sedan, revint à Ville-sur-Lumes dont il fut nommé maire.

*
* *

Le court passage de Mogue au Comité de Salut public n'est pas empreint d'une entière honnêteté. Dans une lettre de Massieu, l'un de ses collègues dont on ne peut suspecter le jacobinisme, écrite à Perrin, le 18 novembre, nous relevons ce passage :

« J'attends ce coquin (Mogue) à ses comptes que je vais « éplucher ; on verra ce que c'est qu'une telle espèce de « fripons qui s'arroge le titre fastueux de « propagateur « des droits de l'homme » en les blessant tous de la « manière la plus révoltante ».

Si Mogue n'était plus du Comité de Salut public, il avait conservé sur les membres de ce Comité encore en exercice un tel ascendant qu'il pouvait être considéré comme l'inspirateur de toutes les mesures prises par ce Comité. Les Sociétés populaires, de même que le Comité, l'acclamaient toutes. Aussi lorsque l'une de ces Sociétés avait une dénonciation importante à faire, elle s'adressait d'abord à Mogue, qui fixait les mesures à prendre contre tout malheureux désigné à ses colères.

Mogue se plaignit bientôt d'être sans mission officielle dans les Ardennes, et sa protestation fut entendue. On l'envoya dans la malheureuse Vendée y porter la terreur. Sur la fin d'octobre 1793, il était à Paris avec plusieurs de ses collègues, députés des Sociétés populaires des Ardennes, pour « y dénoncer les manœuvres et les complots « liberticides des fédéralistes, des émigrés et des fanati- « ques de cette frontière », quand Prieur (de la Côte-d'Or) le fit appeler au Comité de Salut public et le chargea de se rendre dans l'Ouest.

Le 21 octobre, une commission régulière de commissaire de la Convention fut remise à Mogue. Il partit avec Barreau, son digne émule et compatriote, celui-ci étant né à Chaumont-Porcien.

Dès leur arrivée à Angers et à Saumur, Mogue commença une œuvre de propagande pacifique ; c'était un moyen d'attirer ses victimes dans le piège. Il fit imprimer et répandre dans les campagnes, principalement dans les Sociétés populaires, des mémoires dans lesquels il développait les moyens qu'il se proposait de mettre en pratique. Il fit distribuer le *Bulletin de la Convention* et la *Déclaration des droits de l'homme et du citoyen* à quarante mille exemplaires composés en gros caractères.

Ces droits sacrés, nouveau décalogue du XVIIIe siècle, furent bientôt foulés aux pieds par celui même qui avait pris ironiquement le titre de « propagateur des droits de l'homme et du citoyen ». Liberté de conscience, liberté de la pensée et liberté de l'écrit, tout cela fut changé en une arme terrible, au nom et à l'aide de laquelle Mogue supprima plus d'une existence.

Il était en Vendée depuis quelques jours seulement quand il écrivit à la Convention, le 22 brumaire — 12 novembre — une lettre dont nous retenons les lignes suivantes :

« Que ce département foyer de la guerre civile, qui n'est « pas encore éteint, soit régénéré par des colons républi- « cains, choisis dans les meilleurs départements de la « République, que les enfants, les femmes des rebelles « et le reste des habitants de la Vendée soient dispersés « sur tous les points de la France, sinon exportés au delà « des mers, tel est mon avis ».

Cet avis ne prévalut pas parmi la majorité de la Convention, ainsi qu'il est possible de le reconnaître par les mesures dont son auteur fut plus tard l'objet. Une majorité importait peu à Mogue et à ses consorts pour qui le *vox populi* était un vain mot. Pour eux, c'étaient la fusillade et la guillotine, ainsi que Barreau nous l'apprend dans le récit suivant :

« Barreau, de retour de sa mission sanguinaire, semblait se consoler de l'impossibilité où il était réduit de faire le mal par le plaisir de raconter ce qu'il avait fait. C'est de Barreau qu'on tient qu'il a fait périr avec Mogue, dans ces contrées désolées, 32,000 personnes par la fusillade, et 8,000 et plus par la guillotine ; qu'ils faisaient saisir dans toutes les communes les révoltés qui avaient posé les armes et auxquels on avait accordé grâce, et ainsi qu'ils ont fait guillotiner près de 9.000 et fait fusiller 21.000 ; que pour cela, on plaçait ces malheureuses victimes sur les bords d'un précipice ; qu'ils mettaient en réquisition les femmes et les filles et que les crédules et timides habitans des cloîtres n'étaient pas plus que les autres à l'abri de leurs féroces brutalités. C'est Barreau qui nous apprend que Mogue traînait avec lui dans ces départemens une fille de mauvaise vie qui voyageait, comme les commissaires, aux dépens de la République. C'est Barreau qui nous fait connaître par son journal que Mogue était de mauvaise foi, même avec lui, relativement aux frais de route, qu'il a fait payer 800 livres à la République pour un voyage qui n'avait d'autre objet que de se laver d'un désagrément qu'il aurait éprouvé à la police correctionnelle de Tours, relativement, dit Barreau, à des sottises de femmes ; c'est, enfin, au journal de Barreau que nous devons de savoir... les dilapidations que ces patriotes, par excellence, faisaient des deniers nationaux. On y trouve le décompte des dépenses faites par Barreau dans la Vendée et remboursées par le trésor, et on voit avec indignation qu'il porte dans ce compte, et qu'on paraît lui avoir alloué, les dépenses faites à Paris, dans les voyages avec Mogue, Vassant et autres députés des soi-disant Sociétés populaires de Sedan, Givet, Mouzon et Carignan, voyage qui n'avait pas d'autre objet que de calomnier le département, que d'opprimer les administrateurs ; quand on remarque dans ce compte que la République rétablissait la garde-robe de Barreau et fournissait aux frais d'une maladie, suite bien méritée du déréglement de ses mœurs ; quand on voit que, de l'aveu de Barreau, ils enlevaient tous les dépouilles des églises dont ils n'ont pas rendu compte... » (1).

Tel est le bilan, bien abrégé, de la mission de Mogue en Vendée.

*
* *

Des circonstances particulières amenèrent Mogue à Paris au cours de cette mission. Au commencement de nivôse — décembre — il avait adressé au Comité de Salut public deux dénonciations qui lui avaient été faites, l'une par un nommé Moreau, gendarme à Tours, l'autre par Bastard, administrateur du district de Chinon. Les deux plaintes étaient appuyées de nombreuses signatures, notamment par celle de l'abbé Moreau, curé de Naucré, dénonçant le général Ligonier « d'avoir livré Saumur et Viliers aux brigands » et de ce fait « être l'auteur de la déroute qui a eu lieu dans cette dernière place jusqu'à Coron ».

La Convention n'ayant pas donné suite à ces dénonciations, Mogue se rendit à Paris à la fin de février. Le récit de sa conduite l'avait précédé dans la capitale, et Garnier (de Saintes) l'accusa à la tribune de terroriser les départements de l'Ouest. Le 22 février 1794, Mogue, cité à la barre de la Convention, répondit à ces accusations par un long mémoire, au cours duquel « il rappelle la constance qu'il a montrée depuis cinq ans à surveiller, dénoncer, poursuivre et combattre les contre-révolutionnaires de toute espèce; il s'honore des persécutions que lui a suscitées son zèle ardent pour la liberté et demande le renvoi de sa pétition au Comité de Salut public et de Sûreté générale. » Bourdon (de l'Oise), soutint la proposition de Mogue en déclarant « qu'il fallait savoir si Garnier (de Saintes)... en a imposé ou si c'est le pétitionnaire lui-

(1) Acte d'accusation, *Arch. dép. des Ardennes*, p. 13-14.

même ». La Convention ordonna le renvoi de cette affaire devant une commission d'enquête.

Mogue fort de cet appui, se présenta au Comité de Salut public et y renouvela sa dénonciation contre le général Ligonier; après cette dénonciation, il regagna son poste sur l'ordre qu'il reçut d'Hentz et de Francastel, avec la résolution de redoubler sa violence. Il avait compté sans les plaintes multiples qui arrivaient chaque jour à la Convention. Les cris des veuves et des orphelins réclamant vengeance furent entendus. Le 1er avril, Mogue était arrêté et amené à Paris, en vertu d'un ordre signé de Collot-d'Herbois, de Barère et de Billaud-Varennes.

Le prisonnier arriva à Paris dans la nuit du 17 au 18 germinal — 6 au 7 avril — ; il fut conduit de suite devant le Comité de Salut public où Collot-d'Herbois lui reprocha amèrement toute l'indignité de sa conduite. Mogue savait combien différaient d'opinion les membres de ce Comité avec ceux composant le Comité de Sûreté générale. Il demanda à s'expliquer devant ce dernier, qui ordonna sa mise en liberté, mais lui retira tout pouvoir et lui enjoignit de rentrer à Ville-sur-Lumes avec un sauf conduit.

∴

Mogue, au lieu de rentrer immédiatement dans les Ardennes, séjourna plusieurs jours à Paris, allant de la *Société des Amis de la Liberté et de l'Egalité* à la Convention. Au cours des réunions de ces Sociétés, Mogue continua son œuvre de désorganisation et de dénonciation avec d'autant plus d'acharnement qu'il avait à cœur la déchéance dont il venait d'être frappé. Le 17 avril, il se présenta à la tribune des *Amis de la Liberté et de l'Egalité* pour y demander des armes pour que les habitants des Ardennes repoussassent l'ennemi qui les menaçait. Collot-d'Herbois protesta contre la fausse allégation de Mogue, faisant remarquer, justement, tout ce qu'elle avait d'antipatriote. Cette déclaration de Mogue eut un écho à

Charleville et à Mézières; ces villes envoyèrent une députation à Paris, porteur d'une protestation.

Cette députation arriva le 8 floréal — 27 avril — et fut entendue le même jour aux Jacobins, où elle affirma que toutes les mesures étaient prises pour répondre à la moindre tentative de l'ennemi. Mogue succéda à la tribune à l'orateur de la députation ; il s'abandonna bientôt à des invectives qui lui attirèrent, de Carrier, cette violente apostrophe : « Ce n'est pas par des invectives, mais par « des raisons et par des faits que l'on répond à une dépu- « tation ; des expressions grossières ne doivent jamais « sortir de la bouche d'un patriote. »

Cette leçon n'était pas la plus sévère que Mogue devait recevoir. Le 25 avril, à la même société, on entendit lever entièrement le masque sous lequel le révolutionnaire s'était caché jusqu'ici.

Nous allons voir comment.

*
* *

Si Mogue n'était plus dans les Ardennes, il y avait des satellites qui recevaient leur mot d'ordre de lui-même ; si les noyades et les fusillades de l'Ouest n'étaient pas pratiquées dans le département des Ardennes par ces satellites, disons-le de suite, c'est qu'ils avaient à compter avec des adversaires qui ne se laissaient pas intimider par les menaces et opposèrent, en maints endroits, d'autres sociétés aux comités de surveillance et aux sociétés populaires ; que jamais les représentants du département, Dubois-Crancé, Baudin et Robert, ne restèrent sourds à leurs appels et à leurs plaintes.

La Convention avait envoyé Massieu et Roux en qualité de commissaires dans le département des Ardennes.

Grâce au concours de ces deux délégués, Mogue et ses amis politiques purent fournir de nombreuses victimes au tribunal révolutionnaire de Paris et jeter dans la maison de sûreté du Mont-Dieu, créée pour les gens suspects, conformément à la loi du 17 septembre 1793, plusieurs centaines de malheureux, hommes, femmes, prêtres, religieux et religieuses, sans distinction d'âge.

La plus affreuse anarchie régnait dans le département à l'arrivée de ces commissaires. Roux se montra le plus fervent soutien de ce régime contre lequel s'élevèrent bientôt, de partout, de nombreuses plaintes. Massieu et Roux ne tardèrent pas à être rappelés. Mais ils furent remplacés par Mathieu (de la Sarthe) dont la présence, loin de réconcilier les esprits, ne fit qu'aiguiser le brandon de la discorde et de la haine. La situation devenait chaque jour de moins en moins tolérable; les plaintes des populations furent entendues et discutées à la tribune de la *Société des Amis de la Liberté*.

Au cours de cette discussion, après la lecture du récit des misères endurées par les populations ardennaises, une députation de la Société de Sedan se présenta. Collot-d'Herbois venait de faire voter la motion suivante, relativement à la décision à prendre contre Mogue et les terroristes ardennais : « d'attendre sans rien préjuger les « éclaircissements qui seront envoyés par Levasseur » ; il demanda que cette délégation ne fut pas entendue, en raison du vote de cette motion. Mogue, en proie à une vive agitation, protesta contre cette décision, et alors s'engagea entre les deux hommes, Collot et Mogue, une violente discussion.

— Eh bien, s'écrie Collot-d'Herbois, cette exaspération qui l'écarte de ses devoirs comme militaire, est la preuve même que son patriotisme est égaré. Le nouveau représentant envoyé à Sedan, qui a la confiance du Comité de Salut public et la vôtre, n'a-t-il point la sienne et (celle) de ses collègues ? Pourquoi ne parlent-ils pas, avant tout, des devoirs à remplir ? Pourquoi le citoyen Mogue, honoré de la confiance de ses concitoyens, qui l'ont nommé maire d'une commune du département, est-il venu attiser cette querelle ? Je me rappelle qu'au commencement de cette séance, il vous a écrit pour des choses qu'il aurait bien pu vous dire étant présent. Mais tout cela était concerté, Mogue écrit chaque jour à la commune ou aux autorités constituées pour des avis qui seraient plus utiles portés directement où ils doivent l'être.

« Je le dis franchement, je ne vois là que l'envie de faire parler de soi. Il a des fonctions qu'il néglige, et pendant ce temps, il se fait afficher avec faste, et exclusivement « propagateur des droits de l'homme », ce qui est une idée insignifiante, puisque cette propagation est innée de leur dignité et de leur caractère, sentiment dans les cœurs de tous les hommes qui ont le sentiment dont l'investiture tient à la nature elle même et non à un propagateur d'office, car la nature ne se propage pas ; elle est créatrice, et on ne propage que les espèces de choses créées. Un pareil titre n'est qu'une vaine ostentation. De bons avis ne peuvent nous venir ici de l'amour propre ni des passions aveugles. Voilà des vérités qu'on doit se dire avec courage les uns aux autres dans les sociétés populaires.... »

Mogue protesta contre ces accusations. Mais loin de désarmer Collot-d'Herbois, il l'excita et lui fit révéler certaines phases de sa conduite dans l'Ouest.

— En m'interrompant avec violence, continua Collot-d'Herbois, Mogue me force à m'expliquer complètement sur son compte, car autrement je passerais pour être moi-même passionné ou injuste. Le paraîtrai-je dans mes défiances quand je dirai que celui qui fait l'objet de mes observations et qui les repousse est le même qui s'étant continué le titre de commissaire du Comité de Salut public, titre dont la révocation était publique, reçut de nous un avertissement à la fois sévère et fraternel de ne plus se l'arroger, et qui, méprisant cet avis, partit à l'instant pour se l'attribuer de nouveau et continuer d'exercer des pouvoirs illégitimes. Qui mis en arrestation, en conséquence et amené au Comité, nous soutint en face, à Billaud-Varennes et à moi, c'est-à-dire précisément à ceux qui lui avaient parlé la première fois, qu'il n'avait jamais reçu de nous aucun avertissement, pendant que sa conscience même l'accusait, puisqu'elle l'avait averti de se munir en partant d'une mission secrète du Comité de Sûreté générale, ce dont il n'aurait pas eu besoin s'il eut été commissaire du Comité de Salut public, ainsi qu'il avait continué d'en prendre le titre dans ses proclamations. Il devrait avoir fait des réflexions à cet égard d'autant plus sérieuses que l'indulgence du Comité de Sûreté générale auquel nous l'avions renvoyé, motivée sur quelques services qu'il a rendus et que nous n'oublions jamais, devait l'avertir qu'il ne suffit pas d'être menaçant envers l'aristocratie, ce qui produit sans doute de bons effets ; qu'il ne suffit pas d'être comme il s'annonce, l'ennemi des prêtres, mais que pour être vraiment terrible aux méchants, il faut qu'un patriote soit constamment l'ami de la vérité, de la probité et de la justice, et, qu'exemple vivant des mœurs austères, toutes ses actions doivent être irréprochables » (1).

* * *

Le coup porté à Mogue par Collot-d'Herbois était irréparable. Le terroriste comprit que sa place n'était plus à Paris. Il quitta la capitale pour rentrer dans les Ardennes. Son chemin étant de passer par Reims, il arriva dans cette ville le 3 mai et descendit à l'*hôtel du Moulinet*, tenu par un nommé Pilloy. Son premier acte fut une dénonciation.

La femme Pilloy en demandant à Mogue son nom pour l'inscrire sur le registre *ad hoc*, l'appela *monsieur* au lieu de *citoyen*. Mogue s'emporta en injures contre cette femme et lui demanda à visiter ledit registre d'inscriptions des voyageurs, ce qui lui fut refusé par l'hôtelière en déniant à son locataire toute qualité pour procéder à cette vérification. En fin de compte et après une longue discussion, Mogue donna son nom. Une chambre lui fut louée,

(1) *Moniteur Universel* (réimpression) t. 20, p. 362 et suivantes.

mais il la quitta à cinq heures du matin, se plaignant qu'on lui avait « donné un lit et une chambre de domestique au rez-de-chaussée » et se rendit au Comité révolutionnaire de la *Section des amis de la Patrie* pour y accomplir, une fois de plus, sa répugnante besogne de dénonciateur.

« Il n'avait pas de motifs, dit le *Journal des Jacobins de Reims* (1), il fallut en chercher, ce qui ne fut point difficile à Mogue. Il leur attribua des propos inciviques sur l'arrestation de la ci-devant municipalité de Sedan, qui vient d'être conduite à Paris par ordre du Comité de Sûreté générale, disant que c'était de braves gens qui reviendraient triomphans ».

Nous verrons plus loin ce qui advint de cette dénonciation.

La conduite de Mogue à Reims força l'agent national de cette ville à le mettre en arrestation et à le faire enfermer à la prison de Belle-Tour (2). Plus tard, il fut transféré à Paris et traduit devant le Comité de Salut public, dans la nuit du 19 au 20 floréal — 8-9 mai — sur l'ordre de Hentz et de Francastel ; il se présenta également devant le Comité de Sûreté générale qui, pour la deuxième fois, lui rendit la liberté et le renvoya à Ville-sur-Lumes.

Malgré toutes les mesures prises par les communes que Mogue traversait, son crédit ne baissait pas auprès du *Comité de Sûreté générale*. A la suite de la dernière arrestation, ce Comité provoqua des mesures contre le Comité de surveillance de Reims par la lettre suivante :

(1) Prairial an II, nº 1, p. 362.

(2) A propos de cette arrestation, on lit dans le *Journal des Jacobins de Reims* les deux entrefilets suivants :

« Mogue, connu dans plusieurs Sociétés populaires, a été incarcéré à Reims. Fressencourt propose d'écrire à nos frères de Sedan et de Paris, au représentant Levasseur et au Comité de Sûreté générale pour les informer de l'arrestation de Mogue ». (*Nº 2 de floréal*, p. 319.)

« Levasseur, représentant du peuple aux Ardennes, mande qu'il a reçu la lettre qu'on lui a envoyée à l'occasion de Mogue. Il exprime avec feu l'intérêt que les Jacobins doivent prendre au sort de tout patriote opprimé. Il ajoutait que s'il pouvait paraître, il écraserait de concert avec la Société populaire les restes de l'aristocratie. La Société a témoigné le désir de le posséder dans son sein ». (*Nº 4 de prairial*, p. 324.)

COMITÉ DE SURETÉ GÉNÉRALE

» Du 23 Floréal l'An II (12 Mai 1794) de la République une et indivisible.

« *Les Représentants du peuple, Membres du Comité de Sûreté générale, au citoyen Levasseur, Représentant du peuple dans le département des Ardennes*

A SEDAN.

« Nous t'adressons, citoyen collègue, une pétition de Mogue qui paraît avoir été cruellement vexé par le Comité de surveillance de Rheims. Il ne nous appartient pas, ni à toi non plus, de nous ériger en tribunal et de prononcer l'indemnité des dépenses résultantes de cette vexation. Mais tu peux, citoyen collègue, punir, par l'arrestation, les auteurs de l'oppression. Il s'agit seulement de vérifier tous les faits articulés par Mogue.

« Salut et fraternité ».

Comment Mogue avait-il pu surprendre encore une fois la religion de Vadier, d'Elie Lacoste, de Voulland et de Louis (du Bas-Rhin) ? Il avait — c'est l'avis unanime des membres du Comité révolutionnaire de la Section des *Amis de la Patrie*, à Reims — corrompu les gendarmes chargés de le conduire et s'était approprié les pièces dont ils étaient porteurs.

Après cette affaire, tout autre que Mogue aurait craint de reparaître à Reims. Lui, au contraire, y revint comme un vaincu satisfait de sa défaite, et agrandit la mise en scène de ses nouveaux exploits.

On lit, en effet, dans le *Journal des Jacobins de Reims* (1) :

« Le citoyen Mogue a occupé la tribune. Il a raconté dans un long discours ce qui s'est passé pendant son

(1) Prairial, n° 2, p. 370-371.

séjour en cette commune et les mauvais traitements qu'il a reçus dans la Bastille de Reims (ce sont ses termes). appelée la *Belle-Tour*. Il a dit que les autres détenus dont il avait été, lui, le plus ardent dénonciateur, l'ont accablé de coups et prémédité de l'assassiner, et que ce n'est que par un miracle qu'il existe encore. Il finit par annoncer à la Société qu'il a juré de verser son sang pour la Patrie et qu'il ne sera pas parjure. Le peuple a témoigné par ses applaudissements qu'il croyait voir en Mogue un patriote opprimé, dont la mise en liberté lui causait la satisfaction la plus vive ».

Cet enthousiasme pour Mogue devait être de courte durée. Le lendemain, 28 floréal — 17 mai — la *Société des Jacobins* reçut une lettre de la *Société populaire* de Tours, accompagnée d'un mémoire imprimé ayant pour titre : « Mogue dénoncé à la Convention et à toutes les Sociétés populaires de la République », dans lequel le terroriste est représenté comme l'auteur de tous les maux qui s'abattirent sur cette région, comme un homme méprisable cherchant « constamment à répandre la discorde parmi eux, à dénoncer à tort des patriotes, que cet être immoral les a lâchement calomniés, enfin, que son départ de Tours a été pour tous les amis de la Patrie le motif de la joie la plus vive ». Ce portrait fut confirmé sur-le-champ par l'agent national, qui déclara avoir reçu une lettre du Comité de surveillance de Tours contenant, ponctuellement, les renseignements précités.

A la demande de plusieurs assistants, lecture fut faite de cette lettre. Au cours de cette lecture, Mogue entra dans la salle et affirma par ses « gestes et un air d'assurance qu'il va pulvériser tout ce qui se trouve dans cette diatribe dirigée contre lui et qui n'est que le fruit du ressentiment et de la haine ». La tribune devint aussitôt une véritable citadelle d'où partirent contre Mogue des coups qu'il ne put parer.

C'est d'abord Lemaire-Bardon, directeur de la poste aux lettres. Mogue était allé, la veille, à son bureau, pour y réclamer des lettres qu'il prétendait devoir être arrivées à son adresse, poste restante; « sur la réponse qu'il n'y en avait point qui lui fussent adressées, il se fâche, gronde, fait des reproches et des menaces ». Le Directeur le fit entrer dans son bureau où « au lieu d'une explication fraternelle » Mogue le menace d'une dénonciation. Sur la proposition de plusieurs membres, l'Assemblée répondit à l'accusation de Mogue par un vote de confiance à l'adresse de Lemaire-Bardon.

Mogue s'élança à la tribune et essaya de justifier sa conduite vis-à-vis du directeur des Postes, avec l'espoir que ses auditeurs reviendraient sur leur décision.

« Je ne souillerai pas cette tribune, dit-il, par la partialité ni le mensonge. Ce que vient de dire le directeur des postes est faux. Je vais rétablir les faits. Lorsque je me suis présenté, hier, en son bureau, je me suis porté décemment et sans invectiver personne. Je ne me suis échappé contre aucun agent de la poste, mais seulement je me suis plains du bureau et je m'en plains encore, et je soutiens que j'ai mis des lettres à la poste qui ne me sont point parvenues. J'ai des données sûres qu'il m'en est arrivé qui ne m'ont point été remises, que ces dépêches intéressent la sûreté publique et le Comité de Salut public duquel j'étais commissaire. Je m'en ferai rendre compte, parce qu'il n'est point dans mon caractère de faire un pas rétrograde, lorsqu'il s'agit de suivre une dénonciation. Au surplus, un des commissaires à la poste était présent; s'il est à la séance, qu'il dise la vérité. » (1)

Cet appel ne fut pas heureux pour celui qui l'avait lancé. Le commissaire désigné par Mogue se trouvait dans la salle; il se présenta à la tribune et y déclara que « le citoyen Mogue s'est emporté dans son bureau (du directeur, sans aucun doute), d'une manière à révolter tous les amis du bien public, et même, à votre tribune, il laisse votre directeur des postes couvert de l'opprobre ». L'orateur demanda ensuite que la Société écrivît au Comité de Sûreté générale, à celui de Salut public et à l'Administra-

(1) *Journal des Jacobins.* — Compte rendu de la séance.

tion des Postes pour assurer ces services « que le citoyen Lemaître n'a jamais perdu la confiance de ses concitoyens et qu'il la mérite à tous égards ».

Il ne nous est pas possible de suivre cette discussion dans ses détails. Ce que nous en avons dit montre l'indignité de Mogue dans toute sa force. Contre un tel homme, il fallait prendre des mesures de protection pour les victimes de ses dénonciations. Dans ce but un membre de la Société demanda la parole, et après avoir exposé l'objet de son discours, montré le rôle pernicieux du *Propagateur des droits de l'Homme*, il conclut ainsi : « Je ne vois dans l'homme arrivé dans cette commune qu'un agent de discorde, un contre-révolutionnaire, un désorganisateur. Eh ! qui sçait, s'il n'est pas l'un des complices d'Hébert et de Ronsin ? Depuis quelques instants qu'il est ici, il a semé le trouble partout, il a impliqué les fonctionnaires publics, les Comités de surveillance, les autorités constituées. Rien de tout cela, selon lui, n'est patriote, et Reims ne vaut absolument rien. Il nous dénonce peut-être actuellement, s'il ne l'a déjà fait, il est très urgent de faire connaître Mogue à la Convention, je propose l'envoi d'un courrier extraordinaire » (1).

Cette motion, mise aux voix, fut adoptée non seulement pour l'envoi de commissaires à la Convention, mais aussi aux Comités de Salut public et de Sûreté générale, aux députés de Reims, à Collot-d'Herbois, aux Jacobins de Paris et à l'Administration des postes.

*
* *

Il semble que nous devrions arrêter ici cette biographie de Mogue, l'exposé des crimes paraissant terminé. Ce serait, en effet, la fin de la tâche de l'historien s'il n'avait pas à guider son lecteur sur un autre point : la façon dont Mogue opérait pour ses dénonciations.

(1) *Journal des Jacobins.* — Compte rendu de la Séance.

En Vendée, c'est son aide Barreau qui nous apprend comment ils opéraient tous les deux.

« Dans ces contrées, dit-il, nous ne dûmes point attendre pour agir des preuves matérielles ou des dénonciations. Celui qui n'a pas fait tout ce qu'il pouvait tombe par cela seul dans la classe des gens suspects, les modérés et tous les gens à grands moyens qui ne se sont pas fortement prononcés, nous devinrent par cela même suspects. Ils ont, n'en doutons pas, comme les ci-devant nobles, au fond du cœur, la haine implacable contre la Révolution » (1).

A Reims, Mogue dénonce son logeur. « Interpellé de dire comment il savait que la maîtresse de l'auberge du *Moulinet* avait tenu des propos sur l'arrestation de la municipalité de Sedan, il déclara « que ces propos lui avaient été rendus par Sorlet et son épouse. Ils ont été demandés au Comité séparément et sans être prévenus ni l'un ni l'autre. Mais, comme la vérité se plaît dans le cœur de tout franc patriote, leur réponse aux questions qui leur furent faites, se trouva conforme. Sorlet dit ne pas avoir parlé à l'aubergiste ni à sa femme depuis un mois, que jamais il ne leur a entendu tenir des propos inciviques, notamment sur l'arrestation de la ci-devant municipalité de Sedan, qu'il niait formellement ce que Mogue avait dit tenir de lui, mais que c'était Mogue, au contraire, qui lui avait dit le premier que le bruit courait que cette municipalité était composée de braves gens, qu'ils se laveraient aisément et reviendraient en triomphe, mais il observe qu'il ne fut point question entr'eux de Pilloy et de sa femme.

« La citoyenne Sorlet déclara, de son côté, qu'elle ne connaissait ni l'aubergiste ni son épouse, qu'elle ne leur avait jamais parlé, que personne ne lui avait dit avoir ouï d'eux aucun propos incivique, notamment sur l'objet en question ; qu'elle n'avait entendu ni son mari ni Mogue parler des sus-nommés ; en un mot, elle a

(1) Lettre de Barreau à la Société populaire de Château-Porcien.

nié absolument ce que Mogue lui attribue. Après avoir fait lecture de leur déclaration, ils l'ont certifiée véritable et signée (1) ».

Ce procès-verbal fut lu à la tribune des *Jacobins de Reims* où Mogue fut réputé « faux dénonciateur, le plus lâche, le plus dangereux de tous les hommes. »

Mogue se trouvait un jour à Château-Porcien. Il fut invité par la *Société populaire* et le *Comité de surveillance* à prendre la parole. Après avoir déclaré « qu'il n'est pas venu pour entendre des justifications, mais des dénonciations et toujours des dénonciations », il fit l'apologie des moyens criminels mis en œuvre par lui : « La Révolution, dit-il, est un pot bouillant dont la guillotine est l'écumoire. Sans-culottes, dénoncez. Votre intérêt seul vous y engage ; car tous ceux que vous dénoncerez seront ou détenus, ou déportés ou guillotinés ; les biens des détenus, des déportés, des guillotinés seront confisqués au profit de la République et la République c'est vous. »

Lorsqu'il s'agit de dénoncer un certain Ludinard, Mogue montra encore plus de cynisme. Nous trouvons, dans une lettre que le terroriste écrivit, le 6 mai 1794, à Vassant, Jorrès et Sorlet, la façon dont il livra cette malheureuse famille.

« J'avais aussi dénoncé, dit-il, aux mêmes représentants, entr'autres aristocrates à l'époque du 30 vendémiaire (24 octobre), le nommé Ludinard et sa femme, cultivateur, trésorier de France... Mon collègue Barreau, à qui j'avais fait lecture de ma dénonciation, y avait apposé sa signature à côté de la mienne. Je me concertai avec Barreau... pour dénoncer de nouveau les aristocrates Ludinard et sa femme. Nous étions à Nantes ; je rédigeai une nouvelle dénonciation très détaillée dont je fournis les matériaux. Nous arrêtâmes que Barreau signerait la nouvelle dénonciation et que moi, qui avais été témoin de plusieurs propos et faits aristocratiques contre Ludinard et sa femme, je serais désigné comme témoin ; cela fut fait. »

(1) *Journal des Jacobins de Reims*, prairial n° 1, p. 362-363.

La vengeance personnelle ne fût pas toujours le principal guide des coups de Mogue. Une femme influa beaucoup sur toute l'œuvre criminelle de Mogue.

Le 13 décembre 1794, la Société populaire de Rethel était réunie en séance. Un membre demanda la parole et fit remarquer qu'au bas de la récente adresse envoyée par cette Société à la Convention nationale figurait la signature d'une femme, Suzanne Davesne. « Suzanne Davesne, continua l'orateur, partageait, à Paris, le domicile de Durand, qu'alors et dans ce repaire d'antropophages, il se fabriqua entre Durand, Mogue et Barreau, en présence et à l'assistance de Suzanne Davesne, une liste de proscription comprenant de vertueux citoyens de cette ville dont le sang devait repaître des tigres qui en étaient altérés ; que vers le commencement de floréal, Suzanne Davesne, de retour, étant à la tribune, à l'endroit même où elle est encore en ce moment, désignait de l'œil et du doigt aux citoyennes qui l'environnaient, les têtes qui, sous peu, devaient tomber sous les coups qu'elle avait dirigés, notamment celle de Dehaye, tenant alors la présidence...; que vers la fin de prairial, Mogue, précurseur en cette commune du représentant du peuple Levasseur, de la Sarthe, a eu avec Suzanne Davesne les relations les plus intimes, ce dont elle a eu l'impudeur de faire triomphe vis-à-vis de ceux qui paraissaient prendre intérêt à ses débordemens ; qu'à cette époque les listes de départemens se fabriquaient à nouveau chez Suzanne Davesne, tant par celle-ci et par Mogue que par Barreau, leur digne acolyte ; qu'elle participait tellement aux crimes dont ceux-ci se sont couverts, qu'elle ne craignait pas d'en raconter les secrets au point que quelques jours avant la translation de Roze dans cette commune, elle annonça, ce qui effectivement s'est vérifié, qu'avant peu il serait enlevé de chez lui pour être traîné à la guillotine, ce qui prouve invinciblement combien étaient vraies les dernières paroles de cette infortuné : « Je meurs de la main de Durand, mon beau-frère », circonstance qui tend à faire saisir le fil de cette trame infernale et à diriger le glaive vengeur de l'humanité contre l'abominable dénonciateur du plus vertueux des hommes » (1).

Après ce discours, Suzanne Davesne, qui se tenait dans la tribune réservée aux femmes, demanda la parole et déclara, à la grande surprise des auditeurs :

« 1° Qu'elle a eu effectivement des relations intimes avec Mogue ;

« 2° Qu'en donnant, d'après son aveu, des renseignements à Paris sur ceux qu'elle jugeait à propos de désigner comme de bons patriotes, elle en avait également donné sur ceux dont elle avait conçue une opinion contraire ;

« 3° Qu'elle était très instruite, depuis très longtemps en avance, du sort des malheureuses victimes des fureurs de Robespierre, de celui qui menaçait une infinité d'autres citoyens de cette commune, si la journée du 9 thermidor n'eut précipité sur l'échafaud l'auteur de tous les maux qui avaient alors étendu sur la France le crêpe lugubre qu'avait jeté la terreur dans le cœur de tous les hommes de bien ;

4° Qu'elle menaçait de son crédit sur l'esprit de Mogue ceux des citoyens de cette commune qui avait la hardiesse de lui faire des représentations sur l'horreur de sa conduite » (2).

*
* *

A l'heure où Robespierre espérait couronner l'édifice de sa tyrannie par l'assassinat d'un certain nombre de membres de l'Assemblée, qui enrayèrent, à maintes reprises, ses projets homicides, il tomba lui-même sous la dénonciation de Tallien et de Billaud-Varennes. Le 28 juillet 1794, Robespierre et soixante-dix de ses complices montèrent sur l'échafaud.

Ce fut un grand soulagement pour le peuple. Il entrevit

(1) *Arch. départ. des Ardennes.* Série L. Société populaire de Rethel. Liasse 490.
(2) *Arch. départ. des Ardennes.* Série L. Société populaire de Rethel. Liasse 490.

dans cette exécution une ère de calme. De toutes les communes, des adresses furent envoyées à la Convention, la félicitant de son attitude et dénonçant les complices du dictateur dans les départements.

« Des étrangers, des hommes repris de justice, dit la *Société jacobite et montagnarde de Mézières-Charleville*, dans son adresse à la Convention, des intrigans, enfin, qui n'ont vu dans la Révolution qu'un moment de trouble et de désordre dont il était facile d'abuser pour s'enrichir promptement, ont formé dans une commune de ce département (à Sedan), un parti violent, une faction anti-révolutionnaire, et pour colorer des projets ambitieux et liberticides, ont outré le rôle des patriotes. Ils sont parvenus, sous cette égide sacrée, à tromper et surprendre la confiance de plusieurs représentans et à exercer sur leurs noms des persécutions, des vexations inouïes, des arrestations, des actes arbitraires propres à fatiguer le peuple, à le soulever si son ardent amour pour la Révolution ne l'eût pas engagé à la patience et retenu inviolablement attaché à la Convention » (1).

Si, en ce qui concerne le département des Ardennes, les adresses différaient quant à la forme, le fond était le même. Toutes les malheureuses populations qui avaient eu à subir les coups de Mogue et de ses acolytes, demandèrent que justice fut faite. Ces cris unanimes émurent la Convention. Levasseur (de la Sarthe), le protecteur de Mogue, fut remplacé par Charles Delacroix, qui fit mettre immédiatement en arrestation le *Propagateur des droits de l'homme* (18 thermidor — 5 août 1794).

* * *

Nous ne suivrons pas le commissaire de la Convention dans les mesures qu'il dut prendre pour rendre aux populations ardennaises la sécurité qu'elles réclamaient,

(1) *Arch. départ. des Ardennes*. Série L. Liasse 386.

mais nous ne pouvons passer sous silence le tableau que Delacroix a tracé de la situation morale de ce département :

« Le système de la Terreur était organisé avec une astuce profonde.... les administrations, les municipalités, le peuple entier, étaient subjugués par quelques tyrans subalternes, dignes suppôts des monstres que vous avez vomis de votre sein. Ils étaient bien secondés par les Comités de surveillance, presqu'entièrement formés d'hommes immoraux, cruels ou nuls, bien propres, par leur ignorance, à recevoir toutes les impressions, à servir toutes les passions. Les idées les plus vraies, les principes les plus consolants pour l'homme réuni en Société, étaient altérés et méconnus, la liberté avait revêtu les livrées odieuses de l'esclavage ; l'égalité ne devait plus se borner à nous assurer à tous des droits égaux ; elle devait niveler toutes les fortunes et même tous les talents que la nature et l'état social rendent nécessairement inégaux : l'industrie, la richesse, l'aisance acquise par de longs travaux et par une sobriété soutenue, étaient un titre à la persécution et devaient conduire à l'échafaud ; c'était à la hache de la justice nationale qu'il appartenait de remplir le trésor public. Des dénonciations combinées, de nombreuses listes de proscription préparaient à Dumas et à Tinville ce que, dans leur style bassement cruel, ils appelaient de *bonnes fournées*. Il n'est pas jusqu'aux *conspirations des prisons* que l'on n'ait voulu singer pour multiplier les victimes... la confiance, l'amitié et la fraternité semblaient en être pour jamais exilées ; partout y régnait le silence des tombeaux ; il n'était interrompu que par les cris des dénonciateurs qui occupaient exclusivement la tribune des Sociétés populaires, par les orgies bruyantes des Bacchantes qu'ils appelaient à les partager » (1).

Mogue fut mis, peu de temps après la réception de ce rapport à Paris, en état d'arrestation.

(1) Rapport de la mission de Charles Lacroix, représentant du peuple dans les Ardennes, p. 12. In-16 de 61 pages, à Mézières, impr. Veuve Trécourt.

Cette mesure prise contre le promoteur de tant de misères donna lieu, dans la ville de Sedan, à des *charivari* dont les maisons des Jacobins en vue firent les frais. Le 19 thermidor (6 août), la *Société des Jacobins* de Sedan fut convoquée d'urgence. Au début de la séance, Varroquier, son président, annonça l'apposition des scellés sur les papiers de plusieurs membres de la Société et donna lecture d'une lettre de Mogue, dont nous retenons ce passage :

« Vous n'ignorez pas, frères et amis, que depuis hier, je suis en arrestation et les scellés apposés sur mes papiers, ainsi que sur ceux de nos frères, Vassant, Durège, Varroquier et Crin. Je sais les suites nécessaires de la Révolution ; je sais qu'il est urgent qu'à la suite de la découverte d'une conspiration aussi populicide que celle qui vient d'être anéanti, il soit pris des mesures de sûreté à l'égard des hommes dont le patriotisme bouillant pourrait servir de voile à quelques projets funestes. Le conspirateur frémit à de pareils moyens, le républicain y applaudit parcequ'il trouve de nouvelles occasions de montrer la pureté de ses intentions, aussi ai-je vu avec tranquilité, avec plaisir mon arrestation. Il est si doux de souffrir pour la Patrie ? Ce sentiment délicieux est inconnu à l'égoïste rampant qui ne se mêle jamais de rien ; ce sentiment délicieux ne peut être éprouvé que par un patriote énergique. J'ai déjà été scrutiné par les deux Comités de Salut public et de Sûreté générale réunis. Je suis sorti de ce double creuset pur comme la liberté que j'idolâtre ; il en sera de même cette fois-ci. Je m'occupe dans ce moment à griffonner ma vie dont les détails feront rougir mes persécuteurs s'ils en sont susceptibles.

« Vive la République, Vive la Convention, vivent les deux Comités sauveurs. » (1)

(1) Extrait du Journal du *Vrai Jacobin*, rédigé par des Sans-Culottes de la Société populaire de Sedan, affiliée aux Jacobins de Paris, n° 33. Tridi, 23 thermidor, IIe année républicaine.

La collection de cette feuille forme 38 numéros in-4°. Elle porte pour épigraphe :
« Renoncer à sa liberté,
« C'est renoncer à sa qualité d'homme. »

La lecture de cette lettre fut couverte d'applaudissements.

Le représentant Delacroix ne s'arrêta pas un instant dans sa besogne contre Mogue. Les complices nombreux du terroriste furent bientôt atteints eux-mêmes. Vassant et Boucher le Jeune, craignant de partager le sort de leur chef, s'enfuirent à Villers-devant-Orval, pays natal du premier. Ils furent arrêtés, dans leur lit, par un laboureur « qui n'avait jamais pardonné à Vassant de l'avoir, un jour, traité publiquement d'enfant de moine. » Les prisonniers furent emmenés à Montmédy d'où ils s'enfuirent sans qu'il fut possible de les reprendre. Delacroix craignant que les autres complices n'échappassent aussi à l'œuvre de la justice, ordonna sur-le-champ l'arrestation de Sorlet, Crin, Lefranc, Boucher l'aîné, Halma et Bourguignon.

*
* *

Mogue prisonnier, au lieu de témoigner du repentir de son ignoble conduite, continua ses dénonciations au point que Delacroix dut interrompre l'envoi des lettres de Mogue à leurs adresses.

Les loisirs de la détention furent employés par Mogue à écrire de nombreux mémoires dans lesquels il cherchait à se laver des crimes qui lui étaient imputés. Il sentait proche l'heure de la justice ; il en redoutait les coups et cherchait, pour cela, à brûler ce qu'il avait adoré.

Robespierre fut le premier renié par Mogue. « Nous n'avons jamais vu ici, écrit le terroriste, ni connu le monstre que par les papiers publics... Nous avons été les premiers à le vouer à l'échafaud, à l'infamie, ainsi que ses complices ; tandis que nous avons été les premiers à nous rallier et à provoquer le ralliement du peuple autour de la Convention nationale et du gouvernement révolutionnaire tandis que nous avons provoqué, et organisé et célébré une fête en réjouissance du supplice des conjurés ».

Rien ne montre mieux que cette protestation l'hypocrisie

de Mogue. La vérité est que, le jour où Robespierre fut abattu, Mogue craignit, comme tant d'autres amis du potentat, le châtiment suprême. Alors, pour échapper à ce châtiment, il voulut paraître l'ennemi de celui dont il avait été le plus docile instrument, en Vendée et dans les Ardennes. Mogue avait compté pour cette partie sans la correspondance qui fut retrouvée plus tard et dans laquelle on lit des passages comme ceux-ci :

Le 17 février 1793, Mogue écrivant à Barreau dit : « Son ami Robespierre et Couthon sont malades de fatigue; qu'il leur a donné l'accolade fraternelle et qu'il ira les voir ».

Le 3 mai, Mogue écrit, de Paris, à Robespierre : « Avant de retourner dans mon département, je veux m'épancher dans ton cœur... Des scélérats dont j'ai la tête dans mon portefeuille ont formé une coalition perfide pour me perdre », etc., etc.

Le cynisme de Mogue apparaît mieux encore dans sa conduite vis-à-vis de la famille Ludinart. Au moment où il dut se justifier des imputations portées contre lui par Delacroix, il déclara, par écrit, n'avoir jamais eu de relations avec cette famille « sinon que comme son défenseur officieux... qu'en 1792, il a rompu avec lui quand il a reconnu avoir affaire à un royaliste ».

Mogue oubliait, sans doute, ce renseignement consigné de sa main sur un registre saisi chez lui : « Dénonciation à Bô, Hentz, Couppé, de l'Oise, citation d'une autre dénonciation envoyée contre Ludinard et sa femme par Baraux. Analyse des charges terribles recueillies contre ces traîtres attestées par plus de soixante témoins univoques ».

La haine de Mogue n'atteignit pas seulement le chef de la famille, elle poursuivit aussi tous ceux qui avaient des attaches avec elle. C'est pour ce fait qu'il écrit à Barreau, le 6 juin 1794 : « Je te recommande le nommé Aubrier, adjudant dans la garde nationale de Reims, l'un des gendres de Ludinart ; ce muscadin rôde à Paris et voudrait bien soustraire M. le trésorier de France au glaive de la loi ».

Douze jours après cette première lettre, il en écrit une seconde, au même Barreau : « Ludinart, y dit-il, est convaincu de tous les crimes liberticides, ainsi que sa femme ; il faut que leurs têtes roulent sous le fer des loix ».

D'où venait cette haine contre cette famille ? L'acte d'accusation dressé contre Mogue nous répond : « Mogue s'était introduit chez Ludinart, citoyen riche et confiant ; Mogue espérait épouser une de ses filles ; il ne put y réussir ».

Mogue correspondait avec cette famille Ludinart. Il lui écrivait des lettres telle que celle-ci : « Avouez que nous avons bien besoin de la protection du ciel dans les circonstances où nous ont plongés les cabales. En effet, ôtez trente sujets de l'Assemblée législative, et le reste est plus digne de pitié que de confiance ; ô pauvre peuple comme on te berne, comme on te leurre depuis quatre mois (20 janvier 1792) ».

Plus tard, il juge prudent de réclamer sa correspondance à Ludinart (6 avril 1793). Pour obtenir satisfaction, il déclare à son correspondant qu'il fera pour lui « ce que la prudence et l'honneur exigeaient... qu'il avait pourvu à tous les évènements dans son domicile à Mézières, qu'il ne craignait pas la visite de ses papiers à Ville-sur-Lumes parce qu'en qualité de maire du lieu, il dirigeait ces perquisitions ».

Le 20 juin suivant, il écrit encore au même : « Comptez, citoyen, sur l'immutabilité de mes principes philanthropiques et de mes sentiments. Je suis ce que j'étais en 1790, et ce que je serai en 1800, si à cette époque l'existence ne m'est point ravie. Je vous donne le baiser de paix et de fraternité, ainsi qu'à votre famille ».

Ce « baiser de paix et de fraternité » aurait été l'échafaud, si l'aurore du 9 thermidor n'était venu rendre à la justice l'accomplissement possible de sa mission protectrice.

*
* *

Les actes dressés par cette justice pendant la détention

de Mogue ne furent pas exempts des attaques et des démentis du terroriste. L'acte d'accusation dressé contre lui et ses acolytes lui impute la dénonciation de la municipalité de Sedan et celle du Conseil général des Ardennes. A cette accusation, Mogue répond : « Et cependant, il est constant, et cependant des pièces convictives le prouvent, que je n'ai point pris part et n'ai pu prendre aucune part à la dénonciation, à l'arrestation et au jugement de ces individus ».

Il n'est pas superflu de dire, dès maintenant, quelques mots de cette affaire de la municipalité de Sedan et du Conseil général du département.

Au lendemain du 10 août 1792, l'Assemblée nationale avait délégué douze de ses membres pour porter aux quatre armées la nouvelle des évènements dont Paris venait d'être le théâtre. Cette mission échut à Bellegarde, Antonelle et Kersaint pour l'armée de Lafayette, alors dans les Ardennes. Dès que Lafayette connut l'arrivée de cette délégation, il lança une proclamation ordonnant à la municipalité de mettre en état d'arrestation tout individu qui viendrait au nom du gouvernement, auquel il ne reconnaissait aucun droit de donner des missions officielles. Cette municipalité eut la mauvaise inspiration de suivre les conseils de celui qui, quelques jours plus tard, abandonnait l'armée et se réfugiait à l'étranger.

Lorsque les trois commissaires arrivèrent à Sedan, ils furent arrêtés comme porteurs de pouvoirs illégaux. On référa immédiatement de cette arrestation au Conseil général qui, bien qu'ayant reçu, la veille, ces commissaires avec enthousiasme, ordonna de maintenir leur arrestation jusqu'à ce que le gouvernement consulté eut fait connaître son avis. Les Sedanais reconnurent bientôt leur erreur et, avant même que de nouveaux envoyés, Isnard, Quinette et Baudin, arrivassent à Reims, les prisonniers furent remis en liberté ; une fête fut même donnée en leur honneur.

Les explications fournies par l'une et l'autre administration firent rendre, le 6 fructidor de l'an II, par la

Convention nationale, un décret déclarant que les « citoyens, membres de l'administration du district de Sedan... qui étaient dans l'exercice de leurs fonctions dans le mois d'août 1792, ne pourront, à l'avenir, être inquiétés ni recherchés au sujet des évènements arrivés depuis le 10 août jusqu'au 1er septembre sur lesquels il a été statué par le décret du 1er septembre » (1).

Le 3 juin 1794, vingt-sept des membres de la municipalité de Sedan, et cinq jours après les membres du Conseil général en fonctions au 10 août, portaient leurs têtes sous le couteau de la guillotine dressée place de la Révolution, à Paris.

C'étaient encore les victimes de Mogue ainsi que l'atteste le placard qu'il fit afficher dans les communes du département, le 9 juin, et dont voici l'ordre d'affichage :

« Le commissaire des représentans du peuple français, envoyé près l'armée des Ardennes et vice président du Comité central de Salut public, séant à Mézières, requière le citoyen Despret-Sailly, commandant de la place de Rocroy, de faire afficher dans les lieux et places publics, la dénonciation portée à la Convention nationale de la part de toutes les autorités constituées, de la Société populaire et de tous les patriotes de Sedan, contre les administrateurs du département des Ardennes qui, déjà, se trouvent dénoncés dans le *Bulletin de la Convention* de ce jourd'hui et requière de donner les ordres et la consigne de faire arrêter sur-le-champ et traduire devant le Comité, à Mézières, tout malveillant qui se permettrait d'arracher ou d'altérer les bulletins, lois et autres écrits publics tendans à instruire le peuple de ses droits et de ses devoirs qui sont et seront affichés sur les murs.

« Fait à Rocroy, le neuf juin mil sept cent 93, l'an 2 de la République une et indivisible.

« Le commissaire du Représentant du peuple, vice président du Comité central de Salut public.

« MOGUE ».

(1) *Arch. départ. des Ardennes*, Série L, registre 568, folio 45.

Et dès lors commença contre ces malheureux une campagne au cours de laquelle le terroriste ne désarma pas un instant.

En août, il se rendit à Paris et dénonça au Comité de Sûreté générale de la Convention « comme royalistes, rebelles envers la représentation nationale et complices du tyran Capet et du traître Lafayette » ces mêmes administrateurs.

Le 26 septembre, Mogue n'a pas reçu satisfaction. Il s'associe à Vassant et à Barreau, et tous trois vont renouveler la dénonciation au même Comité, le 15 octobre. Mais le succès n'a pas couronné leurs efforts, cette fois, Mogue, Vassant et Barreau, escortés de délégués des Sociétés populaires de Sedan, Mouzon, Montmédy, Givet, Philippeville et de Château-Porcien, se rendent à la Convention. Mogue paraît à la barre et y dépeint l'administration « comme fédéraliste, tout le département comme gangrené d'aristocratie ».

En présence de ces déclarations, la Convention envoie Bô, Hentz et Couppé (de l'Oise). L'administration est arrêtée. Mais comme elle n'a pas de peine à se justifier des accusations portées contre elle, elle est remise en liberté, par un décret du 26 novembre.

Cet insuccès fait redoubler la rage de Mogue; il jure qu'il aura toutes ces têtes qui lui échappent pour un instant, il reprend avec plus d'ardeur sa répugnante et odieuse besogne. Il frappe sans cesse, sourdement, c'est vrai, jusqu'au jour où ses coups portent. Enfin, il trouve un sacrificateur : c'est Levasseur de la Sarthe. Il l'annonce à Barreau, le 19 germinal :

« Levasseur de la Sarthe, écrit-il, va partir pour se rendre dans notre département, y réparer tout le mal fait par Roux qui est rappelé ; il s'agira de l'épuration des autorités constituées, et je m'occupe dans ce moment-ci à fournir à Levasseur tous les renseignements dont il aura besoin pour son importante mission ».

Mogue ne s'était pas trompé dans ses prévisions. Le 4 floréal, 23 avril, le Comité de Sûreté générale prit un arrêté ordonnant l'arrestation de l'ancienne municipalité de Sedan ; Levasseur en signa l'exécution le 10 floréal, 29 avril. Quelques jours plus tard, ce fut au tour de l'administration du département.

Le jour même où la gendarmerie exécutait l'ordre de Levasseur, Mogue écrivit à Barreau : « Je t'ai écrit que notre ami Vassant était libre avec ses compagnons d'infortune et que les oppresseurs des patriotes allaient venir jouer à la main chaude ; je te le répète, ami, n'en doute plus ». Et plus bas, comme pour mieux témoigner de son acharnement dans la poursuite de ses victimes, il ajoute : « Je ne sais que me venger du mépris que m'ont fait essuyer ces gens-là, dans le temps qu'ils étaient au département ».

La guillotine vient d'accomplir son œuvre sinistre, plongeant un département entier dans la plus profonde terreur, faisant plus de cent veuves et orphelins. Mogue en exprime toute sa joie dans une lettre à Barreau : « La guillotinade de MM. de Sedan, écrit-il, que nous venons de lire dans les journaux, ne rehaussera pas le courage des intrigants qui remuaient ciel et terre en leur faveur. Les patriotes espèrent que le département de 1792 les suivra de près. Viendront ensuite les fédéralistes, car tous les assassins des patriotes auront leur tour tôt ou tard ».

Nous pourrions nous étendre davantage sur l'œuvre de Mogue. Il faudrait pour cela donner un tout autre cadre à notre étude, et comme nous n'avons eu qu'un but à atteindre : celui de faire connaître quelques-unes des mœurs de la Terreur inconnues de la plupart de nos historiens, notre tâche finit ici, au moment où Mogue va payer lui-même à la justice la dette qu'il a contractée.

Mogue fut transféré de la citadelle de Sedan à la citadelle de Mézières, dans la nuit du 21 au 22 germinal (10-11 avril 1795). Malgré ses nombreuses protestations adressées aux députés et à la Convention nationale, malgré les conclusions qu'il opposât aux interrogatoires et aux actes de procédure, la Convention ordonna « que le tribunal jugera sans délai Mogue et confirma les actes rendus jusqu'à ce jour dans la procédure, qu'aucune division, distraction et recours ne pourront avoir lieu contre ces actes... il est dérogé à toutes les lois contraires, notamment à celle du 17 germinal (6 avril) ».

Le 13 juin, après une détention de près d'une année, Mogue et ses complices comparurent devant leurs juges. Après trente-quatre jours de débats et une délibération de trois jours et deux nuits, le jury déclara Mogue coupable sur les quatorze chefs suivants :

1° D'avoir dénoncé, fourni les matériaux et avoir été témoin dans l'affaire de Ludinard et sa femme ;

2° D'avoir tenté la dissolution de l'Assemblée départementale le 27 mai 1793 ;

3° D'avoir calomnié l'administration du département à la Convention le 24 vendémiaire de l'an II ;

4° D'avoir fourni des matériaux à Levasseur pour exercer son oppression ;

5° D'avoir dénoncé le 2 octobre 1793, au Comité de Salut public, Perrin, Calès et Massieu ;

6° D'avoir fait traduire au tribunal révolutionnaire les membres du Conseil général de Sedan en exercice au 10 août 1792 ;

7° D'avoir fait traduire au même tribunal les membres du Conseil général du département en exercice au 10 août 1792 ;

8° D'avoir rédigé une liste de proscription contenant cent trente-six citoyens, dont cinquante montèrent sur l'échafaud ;

9° D'avoir rédigé de nombreuses dénonciations dans les Comités de surveillance de Rethel, Vouziers et Charleville ;

10° D'avoir provoqué de nombreuses dénonciations à Château-Porcien, en promettant aux dénonciateurs le partage des biens des vi[illegible]imes ;

11° D'avoir entretenu une correspondance avec Robespierre ;

12° D'avoir tenu des propos pour soulever le soldat contre la nation ;

13° D'avoir tenu des propos tendant à troubler l'Etat par une guerre civile en armant les citoyens les uns contre les autres et contre les autorités légitimes;

14° D'avoir fait traduire au Comité révolutionnaire le citoyen Roze, condamné à mort et exécuté.

Tous chefs constituant une oppression et ayant été commis dans l'intention du crime ».

* * *

Le 14 juillet 1795, à huit heures du soir, une foule de gens venus des environs se pressait sur la place de la Révolution à Mézières. A la lueur des flambeaux, les bras de l'échafaud projetaient leurs silhouettes sur les murs des maisons. Un roulement de tambour se fit entendre ; à ce signal le pont-levis de la citadelle s'abaissa, livrant passage à un piquet de troupe au milieu duquel Mogue et ses six compagnons marchaient au supplice.

Mogue monta le premier les degrés de la sinistre machine, que tant d'autres avaient gravis, victimes de sa tyrannie. Courageusement, il avança jusqu'à la planchette ; là, d'une voix forte, il s'écria : « Heureux si mon sang peut être utile à la cause de la liberté ». Le bourreau le coucha sur l'instrument de supplice et, quelques secondes après, le couteau trancha cette existence, accomplissant une œuvre de justice et d'épuration sociale (1).

Que devinrent les restes de Mogue ?

« J'ai entendu dire qu'un Mouzonnais, dont je ne suis

(1) On a retrouvé dans les papiers de Mogue le sizain suivant :

Jugement de... pour la postérité,
Le sang de la vertu rougit souvent le crime,
Le Gracchus de la France expira, la victime
Des fureurs d'un parti contre lui déchaîné,
Au lieu du Panthéon, il eut une hécatombe,
Mais la postérité gravera sur sa tombe :
« Ne pouvant le corrompre, ils l'ont assassiné ».

(Par Nic. Mem. M...e persécuté par et pour...).

pas autorisé à donner le nom, avait voulu s'assurer de ses propres yeux de l'exécution de Mogue, qui l'avait particulièrement fait souffrir et l'aurait peut-être fait guillotiner si le 9 thermidor n'était arrivé. Par des arrangements pris avec le bourreau, il obtint la tête de Mogue ; il l'empaqueta et revint pédestrement à Mouzon accompagné de ses amis qui savaient parfaitement de quel trophée il était porteur. Surexcité par l'esprit de vengeance, il s'était d'abord félicité de posséder la preuve frappante de la mort de son ennemi, mais chemin faisant, ses idées changèrent, ses amis en furent-ils cause ? et il jeta la tête de Mogue dans l'étang du Rule ; y est-elle restée ? » (1).

(1) *Souvenirs d'un vieux Sedanais* (Sedan sous la première Révolution, treizième période, pages 27-28).

I

CORRESPONDANCE DE MOGUE

PENDANT

Sa Détention à la Citadelle de Sedan

CORRESPONDANCE DE MOGUE

I

De la citadelle de Sedan, le 19 Thermidor, l'an 2
de la République une et indivisible (1).

Mogue, jacobin, vice-président de la SOCIÉTÉ POPULAIRE DE SEDAN, *à tous ses frères de la* SOCIÉTÉ DES TRIBUNES, *salut.*

FRÈRES ET AMIS,

Le Comité de Salut public (2) vient d'ordonner, par son arrêt du 16 courant que je serais mis en arrestation provisoirement et que les scellés seraient apposés sur mes papiers, ainsi que sur ceux de nos frères, Vassant, Durège, Crin, etc.

J'ai obéi à cet ordre du gouvernement avec le calme et la sérénité qui caractérisent un républicain pur et irréprochable, j'ai moi même applaudi dans la sincérité de mon âme à cette mesure de sûreté générale. Il était de la sagesse et du devoir du Comité de Salut public de porter la surveillance sur tous les points de la République, afin qu'il put découvrir ceux qui avaient pu tremper dans l'horrible conspiration qui vient d'éclater et d'être déjouée : mais le gouvernement me trouvera toujours le même ; je suis aujourd'hui ce que j'étais en 1789 (v. s.) : l'incorruptible ami et le zélé défenseur des droits du peuple et des opprimés ; comme l'ennemi irréconciliable des suppôts et des partisans et de l'ancien régime, des intrigans, des contre-révolutionnaires, des conspirateurs et des aristocrates de

(1) 6 août 1794.

(2) Créé par l'Assemblée législative après le 10 août, continué par la Convention, il fut réorganisé en janvier 1793. Il tenait ses séances à l'hôtel d'Elbœuf, sur la place du Carrousel. Le 26 mars suivant, sur la proposition de Quinette, il fut constitué en Comité de défense et de Salut public comprenant 25 membres ; après dix jours d'existence, ce Comité disparut et fit place, dans les premiers jours d'avril, à un comité dit aussi de Salut public composé de 9 membres, tous conventionnels. Il fut modifié à nouveau le 10 juillet, et c'est celui-ci même qui accomplit les grands actes de la vie de la Convention, actes qui honorent incontestablement les membres de ce Comité.

toute espèce. J'ai juré de défendre jusqu'à la mort les droits du peuple, la représentation nationale et le gouvernement révolutionnaire ; je serai fidèle à mon serment.

J'étais libre avant la conquête de la liberté par les Français ; en effet, j'étais en 1786 l'instituteur (1) d'une Société d'hommes libres connus sous le nom de la *Secte de Sans-Gêne* ; j'étais alors au collège de Charleville (2), mes contemporains en sont témoins et la preuve en existe littéralement dans mes papiers qui sont sous les scellés. On la trouvera dans une correspondance suivie que je tenais alors avec le sans-culotte Oudart (de Rimogne) (3), district de Roclibre (4), qui est mort à Paris, à la Fédération du 14 juillet 1790, par l'effet de son zèle et de son enthousiasme patriotique. Les principes et les maximes de cette Société fraternelle étaient ceux de l'égalité la plus parfaite entre les hommes et consistaient à servir et à secourir les malheureux, à faire une guerre à mort à tous les ennemis et à tous les oppresseurs de l'humanité et particulièrement aux nobles et aux prêtres... (5) chez le citoyen Prévost, mon oncle, alors maire de la commune de Nouzon (6).

1791. — Deux jours après, je me retirai dans ma chaumière, au hameau de Ville-sur-Lumes (7), et j'y composai un petit ouvrage sur la législation, dans lequel j'attaquai avec les armes de la raison et de l'égalité (8), la constitution monarchique de l'Assemblée constituante, où je m'élevai avec force contre le *veto royal* (9) et le *marc d'argent* (10) ; où, enfin, j'osai parler de République, malgré la loi qui frappait de mort, ceux qui, à cette époque, osaient faire naître l'idée du gouvernement démocratique.

(1) Lire plutôt l'instigateur.
(2) Chef-lieu de canton de l'arrondissement de Mézières.
(3) Commune des Ardennes, arrond. et canton de Rocroi.
(4) Ancien nom révolutionnaire de Rocroi, chef-lieu d'arrondissement du départem. des Ardennes.
(5) Ici, une lacune de plusieurs feuillets que nous n'avons pu retrouver.
(6) Commune du canton de Charleville, arrond. de Mézières.
(7) Commune de l'arrond. et du canton de Mézières.
(8) Ne faudrait-il pas lire plutôt l'équité ?
(9) Le veto, en politique, est l'opposition d'un pouvoir constitué fait à un autre pouvoir, en refusant la sanction légale à ses actes. Celui dont il est question ici ne fut que ***suspensif*** au lieu d'être ***absolu***.
(10) Unité de poids pour l'argent avant l'introduction du système métrique ; il valait 8 onces (24 décagrammes, 475 milligrammes).

II

De la Bastille de la citadelle de Sedan, le 13 fructidor, l'an 2e de la République une et indivisible (1).

Mogue, jacobin de 1789, Patriote invariable, opprimé de la manière la plus atroce, au Commandant de la place de Sedan.

Un citoyen qui est au secret ne peut correspondre qu'avec son geôlier et la sentinelle qui veille sur sa prison. Je quitte un instant la rédaction de l'histoire des événemens de ma vie politique et révolutionnaire pour te griffonner deux mots sur l'oppression tyrannique dont je suis la victime plus qu'innocente; les Sartine (2), les Lenoir (3), n'étaient pas coupables de pareilles arbitraires ?

De quel droit, Commandant, violes-tu, à l'égard d'un républicain reconnu depuis plus de cinq ans et la *Déclaration des droits de l'homme* et la loi qui défend de tenir au secret les détenus pendant plus de trois jours, et l'arrêté du Comité de Salut public du 16 fructidor (4), dernier qui prescrit seulement, non pas que je serai mis au cachot ni au secret, ni même dans une maison d'arrêt, mais en *arrestation*, que les scellés seront apposés sur mes papiers et que je rendrai sous huitaine compte détaillé de ma conduite au Comité de Salut public. L'esprit qui a dicté cette mesure nécessitée par les circonstances n'est-il pas assez senti ? Voilà tout à l'heure un mois que je suis dans l'oppression et qu'on me retient au secret malgré la loi et l'arrêté que je réclame. Serait-il arrivé un nouvel ordre du gouvernement ? Si cela est, je m'y soumets; mais si cela n'est pas, comme il est l'évident, quel est l'homme qui a le droit de s'élever au-dessus de la loi, au-dessus de la volonté du peuple souverain.

Pourquoi les scellés mis sur mes papiers ne sont-ils point encore

(1) 30 août 1794.

(2) Il s'agit ici de Charles-Antoine de Sartines, fils du comte d'Albry, exécuté le 13 juin 1794, en même temps que sa femme et sa belle-mère. Madame de Sainte-Amaranthe.

(3) Jean-Charles-Pierre, ancien lieutenant de police, émigré en 1790.

(4) Il faut lire thermidor (3 août 1794).

levés ? Pourquoi les patriotes incorruptibles, irréprochables, gémissent-ils si longtemps dans les cachots, tandis que les complices de la royauté lèvent partout une tête insolente et criminelle ? Est-ce qu'on voudrait rétablir la tyrannie que nous avons abattue par cinq années de combats, de sacrifices, de persécutions ? Non, la tyrannie ne se rétablira jamais ; les républicains qui l'ont anéantie le jurent par mon organe, du fond de leurs cachots. Songes bien que celui qui s'élève au-dessus de la loi, qui est l'expression de la volonté du souverain, est un usurpateur, un tyran qui portera tôt ou tard sa tête sur l'échafaud.

Je demande que tu respectes à mon égard la déclaration des *Droits de l'homme*, les décrets de la Convention nationale et l'arrêté du Comité de Salut public du 16 thermidor. Je demande que tu me fasses remettre, suivant la loi, les motifs de l'oppression tyrannique qui pèse sur moi, principalement depuis quelques jours, je demande enfin que la consigne qui me tient au secret soit levée conformément à la loi ; elle n'a eu lieu que par une infraction criminelle à la volonté du peuple et à l'ordre du gouvernement.

Le Propagateur des droits de l'homme.

MOGUE.

III (1)

Des cachots de la citadelle de Sedan, le 26 fructidor, l'an 2 (2), de la République une et indivisible.

Mogue, jacobin opprimé à Charlier (3), *Lavicauterie* (4), *Prieur (de la Côte-d'Or)* (5), *Merlin* (6) *(de Thionville)*, *Goupilleau* (7), *et Louis (du Bas-Rhin).*

Frères et Amis,

Les Jacobins qui ont fait et soutenu constamment la Révolution, les vétérans de l'Egalité sont dans les cachots du département des

(1) Cette lettre était destinée primitivement à Carrier, Elie Lacoste, Duhem, Francastel, Bréard, Thurriot, Audoin et Fayau ; ces noms sont rayés sur la minute des Archives départementales des Ardennes.

(2) 12 septembre 1794.

(3) Charlier (Charles), né à Laon, député à la Législative et à la Convention, élu par le département de l'Aisne ; plus tard, membre du Conseil des Cinq Cents. Il prit une part active à la chute des Girondins et de Robespierre.

(4) Il faut lire, évidemment, La Vicomterie de Saint-Samson (Louis de), conventionnel, né en 1732, mort en 1809. Membre du Comité de Sûreté générale pendant la Terreur ; il rédigea l'*Accusation des Rois* et se fit remarquer par de nombreux écrits révolutionnaires.

(5) Prieur-Duvernois (Claude-Antoine), né à Auxonne le 2 septembre 1763, mort à Dijon le 11 août 1832 ; il était capitaine du génie quand il fut élu député de la Côte-d'Or à la Législative, après à la Convention. Il fut le collaborateur de Carnot au Comité de Salut public où il eut pour mission de surveiller la fabrication de la poudre, des armes et du matériel de guerre. Il devint membre du Conseil des 500. Il fut réformé en 1801 avec le grade de général de brigade. On lui doit une part dans la fondation de l'Ecole polytechnique, l'Institut, le Bureau des longitudes, le Conservatoire des Arts-et-Métiers, etc.

(6) Merlin (Antoine-Christophe), né à Thionville, le 13 septembre 1762, mort à Paris le 14 septembre 1833. Il était avocat au Parlement de Metz lorsqu'il fut envoyé à l'Assemblée législative où il fut des plus fougueux. Il fit voter, notamment, la loi sur la confiscation des biens des émigrés, proposa la déportation des prêtres réfractaires et contribua pour beaucoup au renversement de la monarchie contre laquelle il s'écria, dans un discours à la Société des Jacobins : « Ce n'est plus avec des discours, c'est avec des canons qu'il faut attaquer le palais des rois et le peuple sera libre ». Il se fit remarquer, après le 10 août, par sa pitié pour les victimes et pour celles de la Vendée. Il demanda la fermeture du Club des Jacobins. Membre du Conseil des Cinq Cents, il refusa de souscrire au coup d'Etat du 18 fructidor. N'ayant pas été réélu, il fut nommé directeur des Postes et ordonnateur de l'armée d'Italie. Un de ses biographes a écrit : « Au milieu de son exaltation politique, Merlin ne fut ni cruel, ni cupide ; dans ses missions, investi d'un pouvoir absolu, il montra de l'humanité et ne commit jamais de malversations. »

(7) Goupilleau (Jean-François), né à Fontenay (Vendée), mort à Bruxelles en 1823, fut député de la Vendée à la Législative et à la Convention ; il fit partie du Conseil des Cinq Cents jusqu'en 1797.

Ardennes, et les nobles et les prêtres, et les complices de la Royauté et du fédéralisme y lèvent partout une tête insolente et criminelle ; je suis une des victimes les plus en but à la rage et à la vengeance de l'aristocratie qui ne me pardonnera jamais la guerre à mort que je lui ai faite depuis cinq ans et plus.

Les prisons ont été ouvertes aux contre-révolutionnaires pour faire place aux patriotes énergiques qui avaient dénoncé leurs attentats liberticides ; les athlètes du Républicanisme sont enfouis dans des souterrains d'où ils ne peuvent communiquer avec qui que ce soit, tandis que les royalistes étaient et sont encore traités avec une indulgence populicide. Il n'y a plus que pour les artisans de la contre-révolution que les loix, les droits de l'homme et les ordres du gouvernement sont sacrés ; on les foule aux pieds dès qu'il s'agit des patriotes de 1789.

Depuis le 18 thermidor, je gémis dans une Bastille sans connaître et que je puisse concevoir même le motif de ma détention. L'examen de mes papiers n'a offert que des monuments de républicanisme ; que des preuves sans nombre des services que j'ai rendus à la Révolution et des persécutions atroces de ses ennemis. L'aristocratie voudrait immoler les meilleurs patriotes sur la tombe du tyran Robespierre ; elle voudrait ici nous accoler à ses complots liberticides ; tandis que nous n'avons jamais vu ici, ni connu le monstre que par ses papiers publics ; tandis que, à la nouvelle de ses attentats, nous avons été les premiers à le vouer à l'échaffaud et à l'infâmie ainsi que ses complices, tandis que nous avons été les premiers à nous rallier et à provoquer le ralliement du peuple autour de la Convention nationale et du gouvernement révolutionnaire ; tandis que nous avons provoqué, organisé et célébré une fête en réjouissance du supplice des conjurés.

Nos oppresseurs sont d'autant plus insolens qu'ils ont des protecteurs jusques dans le sein de la Représentation nationale et que ceux-ci en secondant leurs efforts pour nous anéantir, se vangent contre nous des dénonciations graves que nous avons proclamées contre eux et à la barre de la Convention et à la tribune des Jacobins de Paris. Je parle des Représentans du peuple Calès, Perrin (1), Roux (2) et le fédéraliste Piette (3).

(1) Dit Perrin des Vosges, né à Epinal, dont il était maire quand il fut envoyé à la Convention. Adversaire des agitateurs et des terroristes, devint membre du Comité de Sûreté générale, puis du Conseil des Cinq Cents, du Conseil des Anciens et présida, après Brumaire, le Corps législatif.

(2) Nous pensons qu'il s'agit de Louis, originaire de la Champagne et élu à la Conven-

Quant à mon arrestation particulière, elle semblait n'être que l'effet d'une mesure de gouvernement à laquelle j'ai moi-même applaudi dans la sincérité de mon âme. L'arrêté du Comité du Salut public qui l'ordonne semblait n'avoir pour objet que le compte de ma conduite politique depuis le commencement de la Révolution. Je l'ai envoyé au gouvernement, ainsi qu'au Comité de Sûreté générale et aux Jacobins le 20 du courant ; c'est à Levasseur (de la Sarthe) (1) que je l'ai adressé pour le faire parvenir à sa destination. Joignez-vous à lui, frères et amis, pour faire triompher le patriotisme opprimé dans le département des Ardennes. Je vous y invite en mon nom, en celui de mes frères qui gémissent comme moi dans les cachots destinés aux conspirateurs et aux contre-révolutionnaires.

Salut et fraternité.

MOGUE,

fils et petit-fils de Laboureur, qui a ruiné sa fortune et sa santé pour le soutien de la Révolution.

P.-S. — Les autres patriotes opprimés dont les noms ont pu parvenir à ma connaissance sont : Vassant, Durège, Warroquier, Gérard-Lachapelle, de Sedan ; Gallet, maire de Nouzon (2) ; Barreau, administrateur du district de Rethel ; Crin, médecin, et Lambin, administrateur à Mézières.

tion par le département de la Haute-Marne. Etait prêtre au moment de son élection ; se fit remarquer à Sedan par ses prédications anti-religieuses. Adversaire de la réaction thermidorienne, il siégea au Comité de Sûreté générale, au Conseil des Cinq Cents. Exilé comme régicide, il mourut à Huy en 1817.

(3) Piette (Jean-Baptiste), né à Rumigny (Ardennes), le 1er août 1747, fils du notaire royal de ce lieu, servit d'abord dans le régiment de dragons du marquis de La Blache, puis abandonna la carrière militaire, fit son droit, devint avocat au Bailliage ducal de Rumigny le 12 décembre 1771 et reprit, en 1780, la charge de notaire royal de son père. Sous la Révolution, il fut nommé le 31 janvier 1790 maire de Rumigny, le 24 octobre suivant juge de paix du canton, le 5 septembre 1792, 2e député suppléant des Ardennes à la Convention, et en janvier 1793 membre du Directoire de ce département. Appelé le 12 juin 1793 à siéger à l'Assemblée conventionnelle en remplacement de Mennesson démissionnaire, il fut réélu député aux Anciens le 21 vendémiaire an IV et en sortit en germinal an VII.

Rentré dans son pays natal, il devint conseiller municipal de Rumigny, puis en 1801 commissaire du pouvoir exécutif, et plus tard procureur impérial près le tribunal de Rocroi, fonctions qu'il ne quitta qu'en 1813 pour raison de santé. Choisi comme maire de Rumigny, il fut destitué sous la Restauration en 1815 et mourut le 2 octobre 1818. — En 1816, il avait recueilli momentanément chez lui et conduit lui-même à la frontière, Lazare Carnot proscrit. (Communication due à l'obligeance de M. G. Laurent, de Reims).

(1) Né au Mans, vers 1747, mort en 1834. Etait chirurgien-accoucheur lorsqu'il fut envoyé à la Convention. Promoteur du tribunal révolutionnaire, il se fit remarquer par sa tyrannie. Il combattit la réaction thermidorienne et fut arrêté comme ayant pris une part active au mouvement populaire du 12 germinal.

(2) Il faut lire Mouzon, et non pas Nouzon, chef-lieu de canton de l'arrondt de Sedan.

IV (1)

Des cachots de la citadelle de Sedan le 28 fructidor (2) l'an 2 de la République, une et indivisible.

Mogue, jacobin opprimé, à la Convention nationale.

MANDATAIRES DU SOUVERAIN,

Les plus anciens, les plus purs, les plus énergiques patriotes, ceux enfin qui ont fait et soutenu la Révolution dans le département des Ardennes sont accablés sous le poids de l'oppression la plus tyrannique. Je suis une des victimes le plus en but à la rage et à la vengeance des royalistes, des fédéralistes et des fanatiques qui ne pardonneront jamais les combats à mort que je n'ai cessé de leur livrer depuis et dès avant la Révolution.

Les prisons ont été ouvertes aux contre-révolutionnaires pour faire place aux patriotes courageux qui avaient dénoncé leurs attentats liberticides. Les athlètes du Républicanisme sont enfouis dans des cachots d'où ils ne peuvent communiquer avec qui que ce soit, tandis que les complices de la Royauté, du Fédéralisme et de la superstition lèvent une tête audacieuse et criminelle et insultent publiquement aux vieux amis de la liberté dont ils ont juré la perte.

Depuis le 18 thermidor, je gémis dans les fers pour prix des efforts et des sacrifices que j'ai consacrés au triomphe de l'Égalité ; mais mon malheur ne serait rien, s'il n'était partagé par mes frères qui ont coopéré avec moi à déjouer les manœuvres de Pitt et de Cobourg sur cette frontière.

Je suis pur comme la liberté, et certes ce n'est pas pour moi que je m'afflige. Un républicain qui a l'âme cuirassée de ces faits patriotiques, méprise les calomnies des méchants et peut braver tous les tribunaux de l'univers. Mais, citoyens représentans, les choses en sont ici à un tel point que la contre-révolution est faite dans le

(1) L'original porte la mention suivante : Cette pétition que j'avais confiée à un municipal (Lapierre) pour être mise à la poste de Sedan le 1er vendémiaire avec quatre autres paquets à l'adresse des citoyens Merlin (de Thionville), Lorin (*a*) (du Bas-Rhin), Goupilleau (de Fontenay) et Louchet, contenant chacune la même adresse plus détaillée, a été interceptée par le Comité de surveillance de Sedan.

(2) 14 septembre 1794.

(*a*) Lire Louis et non Lorin.

département des Ardennes, si la Convention ne se hâte de relever le courage du patriotisme et de faire ployer l'orgueil insolent de l'aristocratie.

La hideuse contre-révolution voudrait immoler les plus fidèles défenseurs des droits du peuple sur la tombe du tyran Robespierre ; ici, elle voudrait nous accoler à ses complots liberticides, tandis que nous n'avons jamais vu ni connu ce monstre que par les papiers publics ; tandis qu'à la nouvelle de ces attentats nous avons été les premiers à le vouer, lui et ses complices, à l'échaffaud et à l'infamie, tandis que nous avons été les premiers à nous rallier et à provoquer le ralliement du peuple autour de la représentation nationale et du gouvernement révolutionnaire, tandis que nous avons gémi nous-mêmes, pour la plupart, sous l'oppression du Catilinat français, tandis enfin que nous avons arrêté, organisé et célébré une fête civique en réjouissance de la chute des conjurés.

Nos oppresseurs sont d'autant plus audacieux qu'ils s'imaginent avoir des appuis jusques dans le sein de la Convention nationale, et que ceux-ci, en les secondant, se vangeront eux-mêmes des dénonciations que le Salut du peuple nous a fait un devoir de proclamer entre (1) eux et à la barre du Sénat et à la tribune des Jacobins. Mais les contre-révolutionnaires qui brûlent d'étancher leur soif dans le sang des patriotes seront encore une fois confondus ; ils ne trouveront dans la Convention nationale que des Brutus résolus d'immoler sur l'autel de la Patrie tous les ennemis du peuple.

Mandataires du souverain, si les patriotes opprimés sur cette frontière ont contr'eux les contre-révolutionnaires, les royalistes, les dilapidateurs de la fortune publique, qu'ils ont dénoncés et poursuivis sans relâche, ainsi que leurs partisans et leurs complices, ils s'honorent du moins d'avoir l'estime et l'amitié de la portion la plus pure et la plus nombreuse du peuple ; et ce dernier suffrage vaut bien l'autre aux yeux des représentans d'un peuple libre.

Citoyens représentans, hâtez-vous de fraper les complices de toutes les tyrannies. Protégez le patriotisme opprimé et sauvez la République.

MOGUE.

P.-S. — Je joins ici le tableau nominatif des patriotes opprimés dont les noms ont pu parvenir à ma connaissance (2).

(1) Il faut lire contre.
(2) Nous n'avons pas trouvé cette liste dans les dossiers que nous avons compulsés.

V (1)

Des cachots de la citadelle de Sedan, le 30 fructidor, l'an II (2) de la République une et indivisible.

Mogue, jacobin opprimé de la manière la plus lâche aux citoyens composant le Comité révolutionnaire du district de Sedan, Salut.

Citoyens surveillants,

Je viens vous demander ce que la loi prescrit de m'accorder, l'expédition du procès-verbal de levée des scellés et d'examen de mes papiers, que vous avez dû dresser concurremment avec l'agent national de Mézières, suivant ce que m'ont assuré les citoyens Cunisse et Hibert, juges de paix de la commune de Sedan, en me rapportant les clefs de mon cabinet.

Je compte, citoyens, sur votre soumission aux lois et par conséquent sur votre zèle à m'expédier et à me transmettre rapidement la copie du procès-verbal que je réclame.

Soyez convaincus, citoyens, que je suis aussi libre que vous dans les fers, et que j'y suis plus calme et plus tranquille que mes perfides persécuteurs. Un patriote qui compte six années de républicanisme et de vertus civiques, qui a l'âme cuirassée de ses faits patriotiques, méprise les vaines déclamations de la vile calomnie ; il peut braver tous les tribunaux du monde et d'un souffle faire évanouir la tourbe acharnée de ses détracteurs.

Dans un gouvernement démocratique, on peut opprimer la vertu, mais on ne l'étouffe jamais.

Le Propagateur des droits de l'homme,
Mogue.

(1) L'original porte en note : « J'ai envoyé la même lettre aux deux juges de paix en leur demandant une copie conforme des procès-verbaux de mise et de levée des scellés. J'ai envoyé copie de cette lettre à la Convention avec ma vie politique et copie d'autres certificats et lettres pour détruire les calomnies du représentant Lacroix (a) contre moi.

(2) 16 septembre 1794.

(a) Lire : Delacroix.

VI (1)

Des cachots de la Citadelle de Sedan, le deuxième jour des Sans Culottides (2) de l'an II de la République une et indivisible.

Mogue, Jacobin opprimé au Représentant du Peuple dans le département des Ardennes.

CITOYEN REPRÉSENTANT,

Je viens de recevoir avec surprise, par une ordonnance qui m'avertit qu'une dépêche que j'avais confiée hier à un officier municipal à l'adresse du Président de la Convention nationale, contenant des lettres et pétitions à l'adresse de la Convention nationale et de plusieurs Représentans du Peuple, membres du Comité de Sûreté Générale, a été interceptée ; que le cachet en a été violé et que les lettres ont été saisies et déposées aux Archives du Comité révolutionnaire de Sedan par le motif qu'elles contenaient des expressions injurieuses pour le Comité de Salut-Public.

Ce prétendu motif n'est qu'un prétexte imaginé pour étouffer la voix de la vérité, car il n'existe dans toutes mes lettres, aucun mot, aucune virgule qui ne soient respectueux et pour la Convention nationale et pour ses comités et pour chacun de ses membres même individuellement. Fais-toi représenter mes lettres et tu seras convaincu que je n'en impose pas. D'ailleurs, je m'honore du courage que j'ai développé dans chacune des pièces qui composent la dépêche accaparée et je suis prêt à en signer de mon sang toutes les expressions qu'elles renferment. En vain le Comité révolutionnaire de Sedan a-t-il prêté à mes sentiments des termes qu'ils n'ont jamais exprimés et des

(1) Cette lettre est adressée à Charles Delacroix. On lit en marge : J'ai confié le double de cette lettre au citoyen concierge pour la porter au Représentant avec copie de l'arrêté du Comité de Salut public, à 6 heures du soir, — plus bas : le 12 vend. de l'an III (*a*), de la République, j'ai expédié copie de cette lettre avec ma vie politique et copie des certificats et autres lettres à la Convention pour répondre aux calomnies de Lacroix.

(2) 18 septembre 1794.

(*a*) 3 octobre 1794 ; il faut lire an II, c'est-à-dire 1793.

intentions que mon âme n'a jamais eues. Je ne suis pas fait pour désavouer et mes pensées et mes actions; il n'en est pas une qui ne fît rougir mes lâches ennemis s'ils étaient en ma présence.

Enfin, si mes expressions ont quelque chose de choquant pour quelqu'autorité publique, c'est une raison pour adresser mes dépêches à leurs destinations. La Convention et ses membres sont là pour me punir ; c'est à eux à me juger et il n'appartient pas au Comité révolutionnaire de Sedan d'intercepter les correspondances de la Représentation du Peuple français.

Le Comité révolutionnaire de Sedan, a, dit l'arrêté, consulté ton vœu et l'article 3 de la loi du 19 vendémiaire (1) qui interdit à tous la faculté d'écrire « autrement que pour les choses absolument nécessaires à la vie » et semble avoir basé son arrêté sur ses dispositions et sur sa volonté.

Mais, Citoyens Représentant, aucune loi n'interdit d'écrire aux autorités constituées et surtout à la Convention nationale et aux membres de ses Comités ; la loi citée ne concerne que les correspondances entre particuliers. Mais encore cette loi a été abrogée par plusieurs décrets et spécialement par ceux rendus depuis le 9 thermidor, qui défendent de tenir les détenus au secret pendant plus de trois jours, qui ordonnent aux Comités de Salut public, de Sûreté générale et aux Représentans du Peuple en mission, ainsi qu'aux Comités révolutionnaires de donner aux détenus les motifs de leur arrestation. Tous les jours, ces décrets sont exécutés par toute la République, seraient-ils méconnus et violés impunément par le Comité révolutionnaire de Sedan ? ne serait-ce qu'envers les plus énergiques patriotes qu'il n'y aurait ni droits de l'homme, ni loix, ni gouvernement? Je dis ni gouvernement, car l'intention du Comité de Salut public qui a prononcé mon arrestation par son arrêté du 16 thermidor, n'est pas de me faire éprouver les atrocités dont je suis la victime, puisqu'il me demande le compte de ma vie politique et qu'il m'autorise par conséquent à lui écrire et à plus forte raison à la Convention nationale dont il n'est qu'une émanation subordonnée.

J'ai écrit hier encore au Comité révolutionnaire de Sedan pour lui demander une expédition du procès-verbal de la levée des scellés dans mon cabinet et de l'examen de mes papiers et je lui ai fait encore cette pétition au nom de la loi qui lui ordonne de me la délivrer, et cependant il ne se dispose point à satisfaire à ma

(1) 10 octobre 1793.

demande qu'il aurait dû prévenir en me l'expédiant dans les vingt-quatre heures suivant la loi.

Je suis donc autorisé à te demander :

1° Qu'après avoir lu les lettres que j'adressais hier à la Convention nationale et à plusieurs membres du Comité de Sûreté générale tu ordonnes au Comité révolutionnaire de Sedan de les envoyer sur le champ à leurs destinations ;

2° Que tu prescrives au même Comité de me délivrer, dans les vingt-quatre heures, l'expédition du procès-verbal de la levée des scellés et d'examen de mes papiers ;

3° Que tu lui ordonnes de respecter l'arrêté du Comité de Salut public, dont copie est jointe à la présente pétition et les décrets de la Convention nationale, en ne s'arrogeant pas une autorité supérieure à la loi, à celle de la Représentation nationale et du gouvernement auxquels tu es soumis toi-même, comme il n'a cessé de le faire à mon égard, tandis qu'il est notoire que les détenus comme suspects et même comme conspirateurs, jouissent, dans toute l'étendue de la République et dans celle du département des Ardennes, du bénéfice des différens décrets qui les concernent, et, certes, il n'est pas en la puissance de qui que ce soit, de m'assimiler à aucune de ces deux classes d'ennemis de la République. J'ai fait mes preuves dans les circonstances les plus périlleuses et même à l'époque du 9 thermidor dernier, comme toute la Société populaire de Sedan et le peuple qui assistait à sa séance du 11 de ce mois en sont témoins.

MOGUE,

Jacobin opprimé.

VII (1)

Des cachots de la Citadelle de Sedan le 3e jour des Sans-Culotides (2), l'an 2 républicain.

Mogue, Jacobin, opprimé mais inébranlable, au Comité de surveillance du district de Sedan

L'arrêté du Comité de Salut public du 16 thermidor dernier, en ordonnant mon arrestation, m'a prescrit de lui rendre compte de ma conduite politique. Comme les scellés étaient sur mes papiers, je n'ai pu préparer et y joindre la copie des pièces à l'appui de ma vie publique et privée. Aujourd'huy que les scellés sont levés, je demande à être conduit dans mon cabinet, escorté d'une armée, s'il le faut, afin d'y prendre les commissions, certificats, procès-verbaux et autres pièces nécessaires au compte que me demande le Comité de Salut public. J'espère que vous ne me refuserez pas ce que je suis autorisé à vous demander par la loi et spécialement par l'arrêté dont il s'agit. Je demande aussi que vous adressiez à la Convention et aux membres du Comité de sûreté générale et autres, les dépêches que je leur adressais et que vous avez interceptées sans droit et au mépris du respect que vous deviez à la représentation nationale et à ses membres. Vous avez donné à mes lettres une interprétation fausse. Oui, j'ai dit que j'étais opprimé par les contre-révolutionnaires, et je le répète, et, certes, nos oppresseurs ne sont pas dans le Comité de Salut public (3), ni dans la Convention, ni dans les Jacobins ; ils sont parmi les complices des roys. Au reste, quand mes lettres eussent contenu les expressions que vous leur avez prêtées, ce n'était, ce me semble, qu'une raison de plus de les adresser à la Convention et à ses membres qui

(1) L'original porte la note suivante : J'ai envoyé copie de cette lettre à la Convention le 12 vendémiaire an 2, avec les autres pièces. La double, confiée au citoyen Lebeau, sergent des canonniers commandant, en présence de ses camarades de garde et du citoyen Antoine, concierge, le 3e sans-culotide.

(2) 19 septembre 1794.

(3) Lisez son arrêté ci-joint (nous ne l'avons pas retrouvé) et vous verrez que je dois être traité autrement que je ne le suis.

(*Note de Mogue au bas de l'original.*)

m'auraient jugé. A eux seuls appartient ce droit, et je ne sache aucune loi, aucune autorité qui puisse permettre la violation des dépêches adressées à la représentation nationale et à ses membres qui sont eux-mêmes soumis à la loi, à la déclaration des droits de l'homme et aux arrêtés du gouvernement dont je réclame l'exécution.

Si vous me refusez les moyens de satisfaire complètement à l'arrêté du Comité de Salut public, vous serez responsables de l'arbitraire (1) que vous aurez employé à l'égard d'un jacobin intègre qui n'aspire qu'au moment de confondre et de faire pâlir ses lâches persécuteurs, qui se vengent aujourd'hui du courage, de la constance, de l'incorruptibilité et du républicanisme avec lesquels j'ai combattu, non pas depuis cinq, mais depuis neuf ans, les nobles, les procureurs, les financiers, les maltôtiers, les fripons, les millionnaires, tous les sangsues du peuple, tous les suppôts et valets des rois et de leurs complices. Voilà quels sont mes ennemis et le rebut du genre humain.

Marat a été persécuté ; les meilleurs patriotes aujourd'hui partagent son sort glorieux ; ils triompheront de même qu'a triomphé l'ami du peuple. On peut opprimer la vertu, mais on ne l'étouffe jamais.

MOGUE,

Propagateur des droits de l'homme.

(1) J'ai déjà dénoncé la violation que vous avez faite de ma dépêche adressée au Président de la Convention nationale, au représentant Delacroix.

(Note de Mogue au bas de l'original.)

VIII

Des cachots de la citadelle de Sedan le 2 vendémiaire l'an 3 de la République, une et indivisible (1).

Mogue, jacobin opprimé, à la Convention nationale, aux Comités de Salut public, de Sûreté générale et aux Jacobins, salut.

Citoyens Représentans,
Frères et Amis,

J'ai avancé dans mes lettres des dix-neuf (2), vingt-six (3) et vingt-huit fructidor (4) que les oppresseurs des patriotes énergiques du département des Ardennes étaient d'autant plus insolens et plus atroces qu'ils comptaient sur des appuis dans la Convention Nationale et que ceux-ci en les secondant se vengeraient eux-mêmes des dénonciations que le salut de la Patrie m'avait imposé, ainsi qu'à mes frères opprimés le devoir de proclamer contr'eux et à la barre du Sénat et à la tribune des Jacobins.

Il est essentiel d'exposer ici quels sont ces appuis et quels peuvent être les motifs de vengeance et de récrimination contre des Républicains qui n'ont jamais cessé de marcher courageusement à la voix de la Patrie, contre la ligue perfide des royalistes, des fédéralistes, des fanatiques, des égoïstes, des fripons et des dilapidateurs de la fortune publique.

Je vais donc rappeler ici, en peu de mots, ces motifs dont l'effet ne peut que m'honorer ainsi que mes compagnons d'infortune.

1° J'ai dénoncé avec mes frères, Vassant, Durège, Baraux, dans le courant de vendémiaire de l'an second de la République, le Représentant du Peuple Piëtte ayant fait partie du congrès fédéraliste et contre révolutionnaire qui a eu lieu à Mézières le 27 may 1793 (v. s.).

(1) 23 septembre 1794.
(2) Ne faut-il pas lire plutôt 19 thermidor, ainsi que le constate la lettre I de notre recueil ?
(3) Voir lettre III.
(4) Voir lettre IV.

J'ai dans mes papiers les reçus des pièces que nous avons déposées au nom des cinq Sociétés populaires jacobites du département des Ardennes, à l'appuy de nos dénonciations ; nous avons encore fait destituer un aristocrate, nommé Tisseron, époux de la parente du citoyen Piette, et enfin Vassant, Durège, Varroquier, Lachapelle ont de nouveau dénoncé ce représentant à la Convention et aux Jacobins sur la fin de pluviose dernier.

2° Nous avons pareillement dénoncé à la Convention et aux Jacobins, au nom des mêmes Sociétés populaires, les vingt-quatre et vingt-cinq vendémiaire de l'an second (1), les représentants Calès et Perrin pour avoir permis l'exportation de nos draps et étoffes à l'étranger ; pour avoir opprimé les patriotes et favorisé des fédéralistes et des contre-révolutionnaires. Enfin, les mêmes patriotes les ont encore dénoncés dans le courant de nivôse dernier au nom des Sociétés populaires dont il s'agit.

3° On sçait que Vassant, l'un de nous, a eu des différens avec le représentant Baudin (2), que nous avons tous, tant que nous sommes opprimés aujourd'hui, déclaré avoir perdu notre estime et notre confiance depuis qu'il a voté pour le salut du tyran Capet. Sa haine contre nous est connue et par sa conduite et par des écrits imprimés dont Vassant doit encore avoir des exemplaires, d'ailleurs elle a dû augmenter lors du supplice des conspirateurs, complices du tyran et de Lafayette, de la commune de Sedan où Baudin est domicilié. On sait que Baudin comptait parmi eux des amis, des affidés, des parents mêmes.

4° Le citoyen Baraux, moi et presque tous les patriotes opprimés, avons déclaré plusieurs fois, que nous n'estimions point Dubois Crancé (3), parce qu'il plaidait, il n'y a pas encore un an, contre les malheureux habitants du village de Balan (4), sa commune, district de Rethel, pour de prétendus droits féodaux, et pour plusieurs autres raisons.

5° Nous avons déclaré également que le représentant du peuple

(1) 15 et 16 octobre 1794.

(2) Baudin (Pierre-Charles-Louis), né à Sedan le 18 décembre 1748, mort le 14 octobre 1799. Fut député à la Législative et à la Convention.

(3) Dubois de Crancé (Edmond-Louis-Alexis), né à Charleville le 17 octobre 1747, mort le 29 juin 1814, à Rethel. Il était lieutenant des maréchaux de France, lorsqu'il fut député du tiers du bailliage de Vitry aux états-généraux de 1789. Il devint député des Ardennes à la Convention où il s'occupa principalement de l'organisation des armées. Il se montra un des plus ardents réacteur. Membre du Conseil des Cinq cents, il fut nommé par le Directoire, en 1798, inspecteur général de l'infanterie et, le 1er septembre 1799, ministre de la guerre. Son opposition au 18 brumaire le fit disgracier.

(4) Balham, et non pas Balan, commune du canton d'Asfeld, arrondissement de Rethel.

Vermon (1), n'avait point notre confiance depuis qu'il avait voté pour le salut du tyran et pour l'appel au peuple. D'ailleurs, j'ai dénoncé Vermon l'aîné, son frère, aux Jacobins, le 6 floréal dernier (2), ainsi qu'aux Comités de Salut public et de Sûreté générale, comme un intrigant, un fédéraliste et un assassin des patriotes, qui ont détruit le système de fédéralisme dans le département des Ardennes ; j'ai dans mes papiers toutes les pièces probantes de mes dénonciations.

6° Les patriotes opprimés, et moi en particulier, nous avons dénoncé aux Jacobins, au Comité de Salut public et de Sûreté générale, la conduite du Représentant du Peuple Roux, dans le département des Ardennes et il a été rappelé et remplacé par le Représentant du peuple Levasseur (de la Sarthe).

7° J'ai démasqué et dénoncé le premier, Paul Robert, de Voncq (3), frère de Robert, député, comme le chef des fripons, des prévaricateurs et des accapareurs des biens nationaux du district de Vouziers (4) ; c'est moi qui fus chargé de l'arrêter pour le mettre sous la main de la loi et les patriotes, mes frères, l'ont dénoncé depuis ma détention, ainsi que son frère, le député, à la tribune des Jacobins de Sedan ; j'ai encore dans mes papiers la preuve de ces faits, ainsi que de tous ceux que j'ai articulés jusqu'ici.

Ajoutez à cela que les aristocrates qui connaissent les motifs de haine de ces représentants du peuple contre nous, n'ont pas manqué d'aller en redoubler l'activité par des calomnies et des récits mensongers et machiavéliques et vous aurez acquis la mesure des horribles persécutions dont nous sommes les victimes innocentes et auxquelles nous n'avons à opposer que le courage, le calme d'une conscience pure et les vertus qui caractérisent les Républicains résolus de donner leur vie, s'il le faut, pour le salut de la Patrie et l'anéantissement de tous ses ennemis.

MOGUE.

(1) Vermon (Alexis-Joseph), naquit le 6 novembre 1754 à Mézières. Il était tanneur dans cette ville quand il fut élu le 5 septembre 1792, député des Ardennes à la Convention ; il joua un rôle très effacé. Magistrat sous l'empire, il fut nommé juge au tribunal de Mézières. Quoique n'ayant pas voté la mort de Louis XVI, il fut proscrit le 3 février 1816, se retira à Bouillon, puis à La Haye. Mais l'erreur commise ayant été reconnue, il fut rappelé en France et revint à Mézières où il mourut. (Note communiquée par M Gustave Laurent, de Reims).

(2) 25 avril 1793.

(3) Commune du canton d'Attigny.

(4) Chef-lieu d'arrondissement des Ardennes.

IX

Des prisons de la citadelle de Sedan, le 13 vendémiaire, l'an 3 de la République une et indivisible (1).

Mogue, patriote opprimé à la Convention Nationale

Citoyens Représentans,

Depuis deux mois, je suis enseveli dans un cachot et je ne connais point encore ni les motifs ni les auteurs de ma détention ; je n'ai aucun reproche à me faire ni comme homme public, ni comme homme privé ; ma conscience est plus tranquille que celle des provocateurs de l'oppression qui pèse aujourd'hui sur moi. J'ai constamment suivi le sentier de la Révolution. Je me suis montré dans toutes les crises qu'elle a éprouvées et même à l'époque du 9 thermidor. Les persécutions, les calomnies, les assassinats médités et réalisés contre moi par les royalistes, les fédéralistes et les fauteurs du fanatisme, en sont des monuments irréfragables. Je n'ai pas attendu la Révolution pour me montrer l'ami de la Liberté et des défenseurs des droits de l'homme.

L'ancien Comité de Salut public, en prononçant mon arrestation par son arrêté du 16 thermidor, me demandait le compte de ma conduite politique ; je le lui ai transmis et cependant il n'a pas statué sur mon sort.

Citoyens Représentans, le Comité de Salut Public a ordonné mon arrestation pure et simple ; mais il n'a pas prescrit les atrocités et ces outrages que j'éprouve journellement. J'étais dans une maison d'arrêt, où j'attendais avec le calme et la tranquilité qui caractérisent l'innocence, la justice qui m'est due ; le Représentant Delacroix (2), à son arrivée, m'en a arraché pour me précipiter dans un cachot et pour m'interdire toute communication ; son arrêté en est la

(1) 4 octobre 1794.

(2) Charles Delacroix de Constant, né en Champagne en 1740, fut élu membre de la Convention. Fut très énergique dans l'accomplissement de plusieurs missions qui lui furent confiées après la réaction thermidorienne. Ministre des affaires étrangères sous le Directoire, plus tard ambassadeur en Hollande et préfet de Marseille et de Bordeaux.

preuve ; je vous en transmets copie ; comparez-le à celui du Comité de Salut Public ; faites-vous rendre compte des pièces que je vous envoie et vous verrez de quel côté sont les calomniateurs et les innocents. J'adresse à la Convention nationale l'abrégé historique de ma conduite politique et révolutionnaire depuis neuf ans ; j'y joins des copies certifiées de plusieurs pièces à l'appui ; il n'est pas une phrase, pas un mot dans le mémoire que je transmets à la Convention Nationale dont je ne possède la preuve authentique.

Vous avez décrété, citoyens Représentants, que les citoyens arrêtés par ordre du Comité de Salut public seraient mis en liberté ou en jugement dans les deux mois ; je suis donc fondé à demander en ma faveur l'application de la loi.

J'attends avec patience la justice qui m'est due ; de grands criminels redoutent ma véracité et ma probité ; ils ont voulu ensevelir avec moi les lumières que je puis et dois répandre sur leur coupable conduite ; mais ils n'étoufferont jamais dans mon âme la voix de l'auguste vérité. J'ai à révéler les faits les plus importants au salut de la patrie. Je demande à être traduit devant le Comité de Salut Public ou de Sûreté générale pour y faire ma déclaration ; j'en fournirai les preuves ; ma tête est là pour en répondre ; je démasquerai les ennemis de ma Patrie et alors ma captivité ne sera plus un mystère.

Mogue.

X

De la citadelle de Sedan, le 30 vendémiaire, l'an 3 (1).

Mogue, au citoyen Rédacteur du Républicain Français, *du* Journal de la Montagne, *du* Courrier de l'Egalité, *du* Républicain ou Journal des Hommes libres, *du* Courrier Universel, *du* Moniteur, *etc., à la Convention et aux Comités de Salut public et de Sûreté générale.*

CITOYEN,

La vérité est l'antidote de la calomnie ; quand ce monstre a exhalé publiquement ses poisons, la publicité est l'unique médecin qui puisse arrêter le cours du virus qui corrode et détruit la santé morale des plus purs des membres du corps social. Ainsi, citoyen, que ton journal devienne le véhicule du remède nécessaire à la guérison de ma réputation attaquée jusque dans le sein de la représentation nationale par les traits de la haine et de la calomnie.

Voilà bientôt trois mois que je me suis vu arracher à mes foyers et à mes fonctions pour être jeté dans les fers, et la multiplicité des affaires publiques aura sans doute fait oublier ma détention au gouvernement.

Je suis irréprochable, et je puis m'écrier avec le vainqueur de Catilina : « Quel est mon crime ?... Où sont mes accusateurs ? Où sont leurs preuves ? »

J'ai adressé à la Convention nationale ainsi qu'aux Comités de Salut public et de Sûreté générale l'histoire en prose de ma vie politique et privée, suivant le vœu du Comité du Salut public, exprimé dans son arrêté du 16 thermidor ; permets que j'en adresse aujourd'huy l'abrégé en vers à tous les amis sincères de l'Egalité et de la liberté, par la voie de ton journal, et sois persuadé avec tes lecteurs, que bien que j'aie rêvé ce petit poëme dans une des nuits dernières, les faits qu'il raconte ne sont pas des songes.

Salut et fraternité.

Ton abonné,

MOGUE.

(1) 21 octobre 1794.

XI

Requête rédigée par Mogue, que devaient signer les Sociétés populaires de Sedan et de Château-Porcien. — Les vrais amis de l'Egalité et de la Liberté de la commune de Sedan.

MANDATAIRES DU PEUPLE SOUVERAIN.

Nous trahirions la Patrie, nous serions les complices des malheurs qui menacent le département des Ardennes si nous gardions plus longtemps le silence sur la situation affligeante de cette frontière importante de la République. Non, nous ne trahirons pas la cause de la Liberté ; les circonstances critiques qui nous environnent n'étoufferont pas dans notre âme, comprimée par l'aristocratie, l'auguste voix du républicanisme, nous avons le courage de vous dire la vérité, et vous aurez celui de l'entendre et de l'accueillir.

Le patriotisme est opprimé dans le département des Ardennes. Les plus anciens et les plus courageux défenseurs de la Liberté, ceux qui depuis six ans ont constamment combattu de front le royalisme, le fayetisme, le fédéralisme, la superstition, l'aristocratie et l'intrigue, ceux qui ont échappé plusieurs fois à leurs poignards, ceux qui se sont montrés à toutes les époques périlleuses de la Révolution et ceux enfin qui les premiers ont voué à l'échaffaud et à l'infamie les conspirateurs de 9 thermidor, qui se sont rallié et ont provoqué le ralliement du peuple autour de la représentation nationale et du gouvernement révolutionnaire sont aujourd'huy plongés dans les cachots et livrés en proie aux fureurs de la vengeance, de la récrimination et de la haineuse aristocratie. Ils sont au secret au mépris de l'arrêté même du Comité de Salut Public, du 16 thermidor qui se bornait à l'arrestation pure et simple de l'un d'eux et à demander à tous le compte de leur conduite politique.

Et quels sont ces malheureux patriotes ? Ce ne sont pas des nobles, des prêtres, des millionnaires, des suppots de l'ancien régime. Ce sont des agriculteurs, des artisans, des artistes, de vrais sans culotes qui n'ont d'autres fortunes que leurs vertus civiques ; d'autres intrigues que leur franchise à dire la vérité et leur courageux dévouement à faire exécuter les lois et à poursuivre les traîtres et les conspirateurs.

Cependant, citoyens législateurs, tandis que ces patriotes gémissent injustement dans les fers qui ne devraient être réservés qu'aux ennemis déclarés de la Liberté, la prévention, la malveillance et la passion se coalisent pour les diffâmer par des calomnies et des pamphlets absurdes et dégoûtans, et cette ligue populicide a poursuivie jusque dans le sein de la Représentation nationale, non seulement les patriotes opprimés, mais encore les patriotes qui ont le courage d'élever la voix pour les défendre ; et quels sont ces derniers ; ce sont, comme les autres, des artisans, des ouvriers, c'est en un mot la classe la plus pure des sans-culotes. Oui, Citoyens-Représentans, les patriotes opprimés et leurs défenseurs ont été traités dans vos séances des 25 et 30 fructidor (1), d'intrigans, de partisans de Robespierre, eux qui ne respirent que pour les droits sacrés de l'homme, l'Egalité, la Liberté ; eux enfin dont la plupart ont gémi sous l'oppression de la faction des conjurés que vous avez abattus, et cependant votre collègue Delacroix, l'un de ceux qui les ont calomnié, avait déclaré formellement, dans un arrêté signé de lui en date du 17 fructidor (2), n'avoir contre eux aucun motif de suspicion, nous vous en transmettons copie. Pesez cette contradiction, elle n'est pas la seule qu'on trouve dans les calomnies débitées contre le patriotisme.

Mais voyons un peu quels sont leurs détracteurs ? et ceux qui les persécutent ? Ce sont ceux-là même que les patriotes n'ont cessé de combattre et dont ils ont dénoncé les manœuvres et les attentats liberticides ? ce sont les amis de la Royauté, les complices ou les partisans du fédéralisme. Les fanatiques, les millionnaires égoïstes et accapareurs, les dilapidateurs de la fortune publique, les modérés, les contre-révolutionnaires et les suspects échapés des maisons d'arrêt, en un mot, les parents et les partisans des complices de Capet et de Lafayette que votre comité de sûreté générale à fait fraper du glaive de la loi. Et remarquez bien que ceux-là même qui opprimaient les patriotes ont osé se déclarer jusques dans votre sein les deffenseurs officieux des complices de Louis le dernier et de Lafayette.

Ce n'est pas tout, citoyens ; les excellentes Sociétés populaires de Mouzon, Sedan, Mézières et autres ont été dissoutes ; les patrio-

(1) 11 et 16 septembre 1794.
(2) 3 septembre 1794.

tes purs, les vétérans de la Révolution, les vrais sans culotes en ont été exclus pour faire place à des aristocrates, à des détenus, à des muscadins, à des signataires d'adresses royalistes et liberticides, à des modérés, à des hommes enfin qui ne se sont montrés dans aucune circonstance de la Révolution et dont la plupart ne respirent que le retour de la monarchie, que l'anéantissement des patriotes énergiques et la ruine totale de la République; oui, citoyens-représentans, tels sont aujourd'huy les échos de l'opinion publique, les apôtres de la liberté et de l'égalité, tels sont les orateurs qui occupent en ce moment les tribunes de la plupart des Sociétés populaires du département des Ardennes.

On vous a dit aussi que les autorités constituées avaient été renouvellées, mais on vous a laissé ignorer que les sans culotes en avaient été exclus comme de la Société Populaire et que des fonctionnaires à belles frisures, en habits de fin drap et en bas de soie leur avaient succédé ; on ne vous a pas dit que toutes les manœuvres étaient épuisées pour vous dérober la vérité ; on a eu garde de vous dire surtout que les correspondances du patriotisme et de la vérité étaient journellement accaparées aux départs et à l'arrivée des courriers ; on ne vous a pas dit qu'on avait été jusqu'à intercepter des dépêches adressées au Président de la Convention nationale et à votre Comité de Sûreté générale et cela sous les yeux du Représentant du Peuple qui l'a souffert. Voilà cependant la vérité toute entière ; nous avons le courage de vous la dire ; nous avons celui de défendre le patriotisme opprimé par l'aristocratie ; nous avons celui de verser jusqu'à la dernière goutte de notre sang, pour défendre la représentation nationale, les Sociétés populaires, l'égalité, la liberté et les droits imprescriptibles et inaliénables de l'homme.

Mandataires du souverain, jettez enfin les yeux sur la situation actuelle du département des Ardennes ; frapez les conspirateurs et tous les crimes ; protégez le Républicanisme et l'innocence, rendez justice à nos frères Mogue, Vassant, Durège, Warroquier, Crin, Lachapelle, Baraux et Gallet qui gémissent depuis longtems dans les fers, enfin comprimez le royalisme, l'aristocratie et le fanatisme, et sauvez encore une fois la République.

Fait à Sedan, le vingt-sept vendémiaire (1) l'an 3 de la République une, indivisible et impérissable.

MOGUE.

(1) 18 septembre 1794.

XII

De la citadelle de Sedan, le 1er brumaire de l'an 3 de la République une et indivisible (1)

Mogue, patriote opprimé de 1789, depuis trois mois sans en connaître encore les prétendus motifs, à la Convention Nationale.

Représentans du Souverain,

Je vous ai annoncé par mes pétitions des 19 (2), 26 et 28 fructidor derniers que les oppresseurs de patriotes énergiques du département des Ardennes étaient d'autant plus insolens et plus atroces, qu'ils comptaient avoir des appuis dans le sein même de la Convention Nationale et que ceux-ci en les secondant, se vangeraient eux-mêmes des dénonciations que le salut de ma patrie m'avait imposé, ainsi qu'à la plupart de mes compagnons d'infortune, le devoir de proclamer contre eux et à la barre du Sénat français et à la tribune des Jacobins de Paris et dans le sein des Comités de gouvernement.

Il me suffirait peut-être de vous déclarer que les députés qui pourraient servir d'appui à nos persécuteurs, ou plutôt qui sont eux-mêmes nos persécuteurs, sont ceux-là même qui n'ont pas rougi et qui ne rougissent pas tous les jours de se déclarer, soit à la tribune nationale, soit dans de vils pamphlets, dictés par la passion, l'imposture, la vengeance et le machiavélisme, les défenseurs officieux des complices reconnus du tyran Capet, du traître Lafayette, sont ceux-là même qui osent pousser l'impudence jusqu'à chercher à apitoyer la représentation nationale sur le sort de certains conspirateurs en chef et nommément sur le sort d'un ex-trésorier royal de France, ci-devant seigneur et annobli, nommé Ludinard, que les dépositions de plus de soixante témoins, que nombre de pièces probantes convainquent de faits, de propos et de manœuvres tendans à l'avilissement des couleurs patriotiques et spécialement de la cocarde tricolore, au discrédit absolu des assignats qu'il qualifiait de chiffons et de freloques, à l'avilissement et à la dissolution des trois

(1) 22 octobre 1794.

(2) Voir lettre I, et lire 19 thermidor; lettre III; lettre IV.

représentations nationales qui se sont succédées ; à la destruction du gouvernement républicain et au rétablissement de la royauté ; ce conspirateur est encore prévenu d'avoir donné 600 francs pour faire assassiner un patriote, père de six enfants en bas âge, et d'avoir, en outre, promis à l'assassin 200 fr. de rente en cas qu'il allât aux galères pour expier son crime.

Je pourrais encore me borner à demander que mes détracteurs osent mettre dans la balance de la Patrie ce qu'ils ont fait pour le peuple avec les services importans et nombreux que chacun de nous s'honore d'avoir rendus à la cause de la Liberté et l'on verra de quel côté sont le patriotisme ou la vertu, ou du côté des calomniateurs ou de celui des calomniés. Mais nos ennemis n'ont pas assez de courage pour tenter cette expérience ; semblables à l'âne de la fable, ils se ruent sur le lion quand ils le voyent enchaîné. Quelle grandeur d'âme ; elle est digne des oppresseurs que je vais démasquer du fond de mon souterrain.

Je vais donc proclamer quelques-uns des motifs de vengeance et de détermination qui font agir contre nous des hommes qui sont connus depuis longtemps pour être les ennemis déclarés des meilleurs patriotes du département des Ardennes et particulièrement des citoyens Vassant, Durège, Warroquier, Crin, Lachapelle, Winmer, Fignière, Mogue et autres patriotes qui tous, après avoir été déjà opprimés et jugés deux fois par les Comités de Salut public et de sûreté générale pour les mêmes imputations calomnieuses, sont encore aujourd'huy enfouis dans des bastilles impénétrables, pour prix de leur dévouement civique, de leurs veilles, de leurs sacrifices et de leurs nombreux efforts révolutionnaires.

PIETTE, *député suppléant des Ardennes.*

1° Je m'honore d'avoir dénoncé, de concert avec mes frères Vassant, Durège, Barraut, etc., dans le courant de vendémiaire, l'an 2 de la République, Piette, député suppléant des Ardennes, comme ayant fait partie du Congrès fédéraliste et contre-révolutionnaire convoqué et tenu à Mézières le 27 may 1793, par des administrateurs perfides, ses collègues, et dissous par Vassant et moi, au péril de nos jours ; comme ayant signé avec ses collègues une lettre que les administrateurs fédéralistes du département aujourd'huy détenus à Reims, écrivaient au traître Chazot, général commandant alors à Givet, pour le charger de disposer des troupes sûres contre le patriotisme désordonné de la municipalité de cette commune importante ; pour s'être transporté avec le conspirateur et l'émigré Routa, son ex-collègue et complice, pour destituer les membres de cette excellente autorité constituée et ouvrir ainsi aux Autrichiens les portes d'une de nos places fortes les plus importantes. J'ai dans mes papiers le reçu des pièces que nous avons déposées à l'appui de nos accusations tant aux Comités de Salut public que de Sûreté générale au nom des Sociétés populaires de Montmédy (1), Mouzon, Sedan, Givet (2), Philippeville (3), Marat-sur-Aisne (4) et du Comité central de Salut public du département des Ardennes, établi à Mézières par les Représentans du Peuple. Nous avons encore fait destituer un aristocrate reconnu, nommé Tisseron fils, directeur de la poste aux lettres de Mézières, qui a épousé une parente à Piette. Enfin, Durège, Warroquier, Lachapelle, Michel et autres patriotes opprimés ont de nouveau dénoncé Piette à la Convention Nationale et aux Jacobins dans le courant de pluviose dernier.

CALÈS et PERRIN

2° Nous avons pareillement dénoncé à la Convention, aux Jacobins, aux Comités de Salut public et de Sûreté générale le 24-25 vendémiaire (5) et jours antérieurs de l'an 2 devant les Représentans Calès et Perrin (des Vosges) pour avoir signé un permis d'exporter nos draps et nos étoffes à l'étranger par le duché de Bouillon (6), pour avoir opprimé les meilleurs patriotes, favorisé les fédéralistes et les contre-révolutionnaires qui composaient plusieurs administrations du département. Enfin les mêmes patriotes les ont encore dénoncés, dans le courant de pluviose dernier, au nom de la Société Populaire de Sedan, et j'ai en ma possession les reçus des pièces que j'ai déposées, pour ma part, à l'appui des accusations par suite desquelles Calès et Perrin furent rappellés dans le sein de la Convention pour y rendre compte de leur conduite.

BAUDIN, *député des Ardennes*

3° Il est notoire que Vassant, l'un des opprimés, a eu des démêlés violens avec Baudin, député des Ardennes. La plupart des patriotes opprimés ont, dès longtems, déclaré que ce mandataire avait perdu

(1) Chef-lieu d'arrondissement du département de la Meuse.
(2) Chef-lieu de canton du département des Ardennes.
(3) Aujourd'hui petite ville belge dans la province de Namur.
(4) Ancien nom révolutionnaire de Château-Porcien.
(5) 15 et 16 octobre 1793.
(6) Aujourd'hui petite ville belge de la province de Luxembourg, à 15 kil. de Sedan.

leur confiance pour avoir voté en faveur de La Fayette et de Narbonne à l'Assemblée législative et pour y avoir été choisi, par la faction royaliste, par un des instituteurs du Petit Capet, pour avoir voté en faveur du tyran à la Convention. Sa haine contre les patriotes est connue et par sa conduite constante et par ses pamphlets imprimés dont Vassant doit encore avoir des exemplaires. D'ailleurs sa haine s'est encore accrue à l'occasion du supplice des Conspirateurs complices de Capet et de Lafayette, de la commune de Sedan où Baudin à son domicile. On sçait qu'il comptai parmi ces Messieurs des amis, des affidés, des correspondans, des parens mêmes.

DUBOIS DE CRANCÉ, *député des Ardennes*

4° Baraux, moi et presque tous les patriotes opprimés avons déclaré plusieurs fois, et même quelques-uns l'ont fait solennellement, Dubois Crancé indigne de notre confiance, parce qu'il plaidait il n'y a pas un an contre les malheureux habitans du village de Balan (1), sa commune, district de Rethel, pour de prétendus droits féodaux ; parce qu'il tenait à la caste nobiliaire et que dans l'ancien régime il ne voyait que les *nobles et les messieurs* ; parce que Baraux et moi, nous sommes témoins qu'il *trainait* avec lui dans sa voiture, dans les départements de l'ouest une jeune femme que mon excollègue Baraux m'a assuré appartenir à un canonier qui fut en vain la réclamer à Dubois de Crancé ; parce que nous avons trouvé cette femme dans la chambre de ce représentant, à Nantes, à l'époque du vingt ventose dernier (2) étant allé chez son collègue Prieur (de la Marne) et Garreau qui tous deux, ainsi que l'ex-général Santerre ont vu comme nous *cette prostituée* que nous savions très bien ne point appartenir à Dubois de Crancé.

VERMON, *député des Ardennes*

5° Nous avons déclaré que Vermon, député des Ardennes, n'avait pas notre confiance, parce que quelques mois avant sa promotion à la qualité de Représentant du Peuple *il était encore instituteur des enfants d'un ci-devant prince* et parce qu'il a voté pour le salut du tyran et pour l'appel au peuple ; d'ailleurs nous avons dénoncé son frère, Vermon l'aîné, et moi en particulier je l'ai dénoncé à l'époque du 6 floréal dernier (3), aux Jacobins de Paris, ainsi qu'aux Comités de Salut Public de Sûreté Générale comme un intrigant,

(1) Lire Balham.
(2) 10 mars 1794.
(3) 25 avril 1794.

un complice et un émissaire du fédéralisme, comme ayant cherché à avilir les autorités constituées et pour avoir participé à l'assassinat commis la nuit du 2 au 3 juillet 1793, sur la personne des membres du ci-devant Comité de Salut Public du département.

ROBERT, *député des Ardennes* (1)

6° J'ai le premier démasqué et dénoncé Paul Robert de Vonc, frère de Robert, député des Ardennes, comme le chef des fripons, des prévaricateurs et des monopoleurs de biens nationaux du district du département des Ardennes. C'est moi qui fus chargé par le représentant du peuple Levasseur (de la Sarthe) d'arrêter ce conspirateur pour le mettre sous la main de la loi. Les Jacobins de Sedan et principalement ceux qui sont aujourd'hui opprimés, l'ont aussi dénoncés, ainsi que son frère le député, à la tribune de la Société populaire de Sedan, depuis ma détention. Et déjà Robert, député, a exhalé sa bile et son animosité contre Vassant, Durège, Warroquier, Crin, moi et autres patriotes reconnus, dans un pamphlet qu'il a fait fabriquer et circuler sous le titre de réponse de Robert, député des Ardennes, à Levasseur, député de la Sarthe.

ROUX, *député*

7° Nous avons dénoncé plusieurs faits graves aux Jacobins de Paris, aux Comités de Sûreté générale et de Salut Public, à la charge du représentant Roux ; nous l'avons entr'autres faits accusé d'avoir opprimé les meilleurs patriotes qui sont encore aujourd'hui persécutés et cela pour les mêmes prétendus motifs qui ont déjà été jugés par les comités de Salut public et de Sûreté générale, pour avoir protégé et mis en liberté une foule de conspirateurs et de contre-révolutionnaires qui ont été depuis frappés du glaive de la loi et qui l'avaient bien mérité. Enfin sur ma dénonciation solennelle, Roux a été rappelé dans le sein de la Convention et remplacé par Levasseur (de la Sarthe).

Voilà, citoyens Représentans, quelques-uns des motifs qui déterminent les efforts de la haine et de la vengeance de nos détracteurs contre de malheureux Sans-culotes qui n'ont d'autre faute à se reprocher que leur zèle patriotique, que leur active surveillance,

(1) Robert (Michel), né à Voncq, le 13 avril 1738, était avocat et contrôleur des actes des notaires avant la Révolution. Il fut élu, le 5 septembre 1792, député des Ardennes à la Convention nationale où il joua un rôle assez effacé. Rentré dans son pays natal après la clôture de la session conventionnelle, il y mourut le 20 septembre 1796. (Communication due à l'obligeance de M. G. Laurent, de Reims).

que leur courage et les nombreux services qu'ils ont rendus à la Révolution.

Je vais répondre ici à deux assertions calomnieuses que Robert a hazardées contre moi dans le pamphlet dont j'ai déjà parlé ; il m'a imputé d'avoir dit à la Société populaire de Rethel *qu'il fallait faire tomber huit mille têtes dans le département des Ardennes.* Certes, si j'avais tenu un pareil langage, il ne manquerait pas de témoins pour m'accuser. Eh bien ! je porte à Robert et à tous ses pareils le défi formel d'en citer un seul ; cette assertion est une imposture atroce. Il a dit encore que j'avais forcé un citoyen nommé Legrand, de Coucy (1), d'accepter une place de judicature sous peine *d'aller au Mont-Dieu* (2) ; c'est une autre imposture, je n'avais jamais vu ni connu le citoyen Legrand à l'époque de ma mission dans le district de Rethel et s'il a été promu à la place de juge, c'est par le suffrage unanime de près de *cinquante des meilleurs* patriotes du district, dont je m'étais entouré conformément aux dispositions de mes pouvoirs. Si toutes les absurdes et lâches calomnies, fabriquées et débitées contre moi par ceux qui ont lieu de redouter ma sévère probité et mon incorruptibilité, je n'aurais pas de peine à les anéantir. Je ne forme qu'un vœu, c'est de paraître avec mes détracteurs devant le peuple et la justice et bientôt je les aurais confondus et couverts de honte.

Ajoutez aux faits et aux raisons que j'ai développées que les aristocrates, connaissant les motifs de haine et de vengeance de ces représentans [contre] nous, n'ont pas manqué d'aller en redoubler l'acrimonie par des calomnies et des récits mensongers et machiavéliques, et vous aurez acquis la mesure des horribles persécutions dont nous sommes les innocentes victimes ; et vous en aurez sondé les causes, les motifs et le but criminels. Sans culotes et sans solliciteurs que nous sommes, nous n'avons à opposer à tant d'oppressions que le courage, le calme d'une conscience pure et les vertus civiques qui caractérisait des républicains résolus à tout sacrifier et à donner leur vie même, s'il le faut pour le salut de la Patrie et l'anéantissement de tous ses ennemis.

MOGUE,
Le propagateur des droits de l'homme.

(1) Commune du canton de Rethel.

(2) Le Mont-Dieu, petite commune du canton de Raucourt, possédait avant la Révolution une Chartreuse. Cet établissement fut, pendant la Terreur, la maison de sûreté de la région. Plus de 650 personnes y furent détenues. L'expression que Mogue rapporte était la menace de tous les terroristes à l'égard des citoyens qui ne pensaient pas comme eux.

XIII

De la Citadelle de Sedan le 14 brumaire, l'an 3 de la République, une et indivisible (1).

A la municipalité de Sedan, Mogue, patriote de 1789, opprimé

CITOYENS MAGISTRATS,

L'état de ma santé physique m'oblige d'avoir avec un successeur d'Hippocrate, une consultation raisonnée. J'ai fait demander par la citoyenne qui me fournit ma subsistance durant ma captivité, un médecin dont la sagesse et l'expérience pussent mériter ma confiance, et on m'a indiqué celui qui est à l'hôpital ambulant de cette commune. Mais, citoyens magistrats, pour pénétrer dans ma Bastille, cet officier a besoin d'un permis de la municipalité qui, j'en suis sûr, se fera un devoir et un plaisir de l'accorder avec d'autant plus de facilité qu'elle sçait bien que c'est contrairement aux loix, aux droits sacrés de l'homme, et particulièrement de l'arrêté du Comité de Salut public du 16 thermidor dernier, qui a prononcé mon arrestation pure et simple, que je suis retenu au secret, persécuté et tyrannisé de la manière la plus atroce.

Mais, je le répète, quel que soit mon oppresseur, quel que soit son pouvoir momentané, il n'a jamais eu le droit d'opprimer, de fouler aux pieds les loix, les principes les plus sacrés et les ordres positifs du gouvernement ; je jure, par la sainte égalité, de démasquer un jour ce nouveau ou ces nouveaux tirans, à la face du ciel et de la République ; je n'ai jamais fait un vain serment.

Je compte, citoyens Magistrats, que vous donnerez au médecin qui doit se rendre ici, entre 4 et 5 heures de l'après-dîner, le permis dont il a besoin pour pénétrer dans ma Bastille.

MOGUE,

L'invariable ami du Peuple et de l'égalité.

(1) 4 novembre 1794.

XIV

De la Citadelle de Sedan, le 16 brumaire, l'an 3e de la République une et indivisible (1).

A la Société des Amis de la Liberté et de l'Egalité, séante aux ci-devant Jacobins, Mogue, Jacobin opprimé, salut.

Frères et Amis,

Les patriotes du département des Ardennes seront-ils donc éternellement opprimés ? Depuis plus de trois mois qu'ils sont enfouis dans des Bastilles impénétrables, on ne se dispose ni à les juger, ni à briser leurs fers, ni même à leur faire connaître les motifs de leur détention.

Les échappés des cachots, les aristocrates, les hippocrites, les imposteurs, les protecteurs du tyran Capet et de Lafayette qui les oppriment n'ont-ils pas eu assez de tems pour fabriquer leur acte d'accusation ; et les émules de Maury, de Cazalès, s'imaginent-ils que pour avoir eu l'audace de traiter des Jacobins irréprochables, d'intriguans, d'agitateurs, de factieux, ils soient comme leurs patrons, exempts de prouver leurs calomnies ?

La justice, cette vertu sublime, dont l'astucieuse aristocratie a usurpé le langage, et dont l'hipocrisie fait aujourd'hui retentir tous les lieux, n'existerait-elle plus que pour les conspirateurs, les assassins de la Patrie, ou pour mieux dire, la justice ne serait-elle plus que l'impunité des monstres et que l'oppression des amis les plus purs de la Liberté ? Quoi ? la Révolution du 9 thermidor n'aurait-elle été faite que pour les pleureurs de Capet ; que pour les complices de Lafayette, que pour les bons amis de Pitt, de François et de Charrette ?

Certes, les évènements qui se sont succédés depuis cette époque remarquable sont affligeans pour les hommes du 14 juillet, du 10 août, du 21 janvier et du 31 mars. Quelle est donc la stupeur qui nous environne ? Quelle est cette léthargie liberticide qui paralyse

(1) 6 novembre 1794.

les membres jadis si élastisques du corps social ? Quoi ! les Français qui ont sappé les fondemens de la Bastille, foudroyé le Palais de la Tyrannie, conduit le despote à l'Echaffaud, anéanti le monstre du fédéralisme, auraient-ils disparu de la métropole de la République. Le peuple assoupi, attendra-t-il qu'il ait reçu le collier de l'esclavage pour se réveiller et pour repousser la Tyrannie qui s'avance à pas de géans. Que signifie donc cette proscription lancée contre les fondateurs et les colonnes du Temple de la Liberté et de l'Égalité ? Quelle est cette indulgence populicide qui n'est favorable qu'aux ennemis, qu'aux assassins de la Patrie ? où tend cette nuée de pamphlets qui, jaillissant du fond des marécages que bordent la Seine, se précipite à torrens dans la République et se répandent dans leurs cours libre et rapide, sur tous les points de sa surface ? Son but est de disséminer, propager le machiavélisme, le mensonge, le narcotisme et tous les poisons corrupteurs de la liberté et précurseurs de la servitude. On remarque surtout à travers ce torrent populicide les libelles périodiques intitulés « l'orateur du peuple, le Républicain français, etc. ». Et cependant les correspondances du patriotisme sont interceptées ! les organes de la vérité sont comprimés ! La vertu publique est un crime ! les courageux athlètes du républicanisme sont enfouis dans des cachots ! les vertueux amis du peuple sont persécutés, proscrits, ruinés, tandis que les ennemis triomphent !

Quel est donc le crime des Patriotes ? ils ont voulu et ils veulent toujours la Liberté, l'Egalité et le bonheur du peuple.

Quel est le but criminel des contre révolutionnaires ? le retour de la royauté avec tous les fléaux qui l'accompagnaient et tous ceux qu'elle a recrutés dans sa suite, le réasservissement et l'Eternel opprobre du peuple français. Frères et amis, et vous citoyens magnanimes, qui de vous serait assez lâche pour balancer entre la liberté et la tyrannie, entre la vertu et le crime, entre la gloire et l'infâmie. Quand à moi, je jure du fond de mon souterrain de ne jamais survivre à l'esclavage et au déshonneur de mon pays, et s'il est décidé que la liberté doive succomber, je saurai recourir à la coupe de Socrate ou au pistolet de Gaillard.

Salut et fraternité,

MOGUE.

XV

Des cachots de la Citadelle de Sedan le 17 brumaire l'an 3e de la République démocratique, une et impérissable (1).

Le propagateur des Droits de l'Homme, opprimé depuis trois mois et quatre jours par la faction des complices de la royauté. — A la municipalité de Sedan, salut et fraternité en la République.

Citoyens Magistrats,

Quand je suis entré dans mon cachot, j'avais le corps et l'âme sains comme la nature et la vertu ; mon âme seule a conservé sa pureté et son calme imperturbable ; mais mon corps est devenu comme lèpre ; j'ai surtout ma jambe droite tellement ulcérée que ce matin en me levant, je ne pus m'en aider qu'avec peine pour me soutenir ; depuis quatre jours surtout, le mal empire visiblement. J'attribue cette éruption maligne, d'une part, aux veilles et aux efforts que j'ai consacrés à la Révolution et principalement dans le cours de la mission que j'ai remplie dans les départements et près l'armée de l'Ouest ; mais, d'autre part, plus encore au défaut d'air, d'action et surtout à l'insalubrité du cachot méphilitique où on m'a fait précipiter le dix fructidor (2) au mépris des loix, des droits sacrés de l'homme et des dispositions sacramentelles de l'arrêté même du Comité de Salut public que l'agent national de votre commune a été chargé d'exécuter textuellement comme il l'avait fait en effet.

De profonds scélérats ont voulu enfouir avec moi la vérité dans ma Bastille ; ils voudraient établir le triomphe de leurs forfaits sur la perte de la vertu ; leurs vœux populicides seraient bien de m'y voir expirer avant que j'aie pu révéler à la France entière leurs attentats, leur machiavélisme, leurs impostures et toutes leurs scélératesses qu'ils ont eu la puissance d'étouffer dans mon âme par la terreur jusqu'au moment où ils sont parvenus à me faire ensevelir

(1) 7 novembre 1794.
(2) 27 août 1794.

vivant dans un antre plus affreux que la Bastille du fauxbourg Antoine. Mais leur criminel dessein sera confondu. Et si le désir ardent et l'espérance de les démasquer un jour à la face de l'Univers et du Ciel ne me donnaient le courage et ne m'imposaient le devoir de supporter patiemment l'excès inoui de mon oppression, déjà j'aurais sçu recourir à la coupe de Socrate ou à l'arme de Gaillard.

Le peuple français serait bien à plaindre si la Révolution pouvait devenir la proie de quelques scélérats qui ne respirent que le royalisme et tous les crimes qu'il produit ; qui brûlent de cimenter l'édifice de la contre révolution des ruines de la République et du sang de ses plus zélés défenseurs.

Citoyens magistrats, mes oppresseurs ont intérêt de prolonger mon injuste et tyrannique captivité, mais l'intérêt de la patrie, qui l'emporte sur celui de ses ennemis, veut que j'obtienne promptement justice. Si j'avais été coupable, il y a long tems que ma tête aurait dû tomber ; mais comme je suis innocent, mais comme je suis cent fois plus irréprochable dans ma conduite publique et privée que mes lâches oppresseurs, ma détention arbitraire crie vengeance; elle révolte et la nature et la patrie et l'humanité. Elle est un attentat contre les droits de l'homme, les loix les plus saintes et la garantie sociale.

Un décret, porté depuis la révolution du neuf thermidor par la Représentation nationale, prescrit au Comité de Salut public de mettre en jugement ou en Liberté, dans les deux mois, les citoyens qu'il aura fait arrêter. Je suis fondé à réclamer l'exécution de la loi. Mais comme il se peut que les membres actuels du gouvernement ignorent ou ayent oublié ma détention, je demande que l'agent national de la commune chargé de l'ordre de mon arrestation pure et simple, écrive au gouvernement, section de la police générale, que détenu depuis plus de trois mois sans en connaître encore les motifs, je réclame au nom de la loi, à être mis en jugement ; que je provoque sur ma tête toute la sévérité d'un tribunal impartial.

Traduit devant la justice, citoyens magistrats, je sçaurai y faire pâlir mes détracteurs et ceux qui ont intérêt à les protéger ; ils ne paraîtront toutefois pas devant moi sans honte et sans confusion si le crime est susceptible de remords. Je demande aussi que le Comité de Salut Public me fasse conduire dans son sein ou dans celui de Sûreté Générale pour y déposer des faits qui intéressent le salut de la République, et dont la révélation deviendra à coup sûr la solution du problème que certains conspirateurs en chef ont cru rendre insoluble en me précipitant, avec quelques autres victimes qui peuvent avoir quelques idées de leurs forfaits, dans des Bastilles impénétrables à l'amitié, à la nature, à l'humanité. Je demande au nom du salut de la Patrie, que vous adressiez sans délai et à la Convention Nationale et à son Comité de Salut Public copie exacte et certifiée de ma présente pétition.

En attendant je vous observe, Citoyen magistrat, qu'hier dans la chaleur du petit entretien que j'eus avec votre délégué et les officiers de santé qui l'accompagnaient j'ai oublié de leur développer ma jambe affreusement ulcérée. Il est instant d'y porter remède ainsi qu'aux autres symptômes qui se sont manifesté sur toutes les parties de mon corps. Je compte sur la justice de la municipalité qui sans doute éprouve, avec tous les amis de la Liberté, un sentiment bien douloureux, d'avoir les loix, les ordres du gouvernement et les principes les plus respectables, impunément violés à l'égard d'un infortuné qui n'a d'autres crimes à se reprocher que son incorruptibilité, son ardent républicanisme et sa sévère probité.

Mogue,

Invariable ami du peuple.

XVI (1)

De la Citadelle de Sedan, le 12 frimaire, l'an 3e de la République une et indivisible (2).

Egalité, Liberté, Justice à l'innocence opprimée, Mogue, ex-commissaire national nommé par le Représentant du Peuple Levasseur de la Sarthe, près le tribunal du district de Sedan. A la Convention Nationale et au Comité de Salut public.

CITOYENS REPRÉSENTANS DU SOUVERAIN,

Voici quatre mois que je suis enseveli dans une Bastille impénétrable à la nature, à l'amitié, à l'humanité. Cependant, je suis irréprochable et mes plus grands ennemis ne pourraient m'attaquer en face ni sur ma conduite publique ni sur ma vie privée. Je ne connais point encore le motif qui a déterminé le Comité de Salut public à prononcer mon arrestation par son arrêté du 16 thermidor dernier ; mais si j'en ignore les raisons, les provocateurs ne m'en sont pas inconnus. Ce n'est pas d'aujourd'huy que j'ai à me plaindre de la tyrannie de certains hommes sur les attentats desquels j'espère que l'opinion publique sera bientôt éclairée, malgré leurs vains et criminels efforts pour l'enchaîner, la corrompre et la détruire. Certes, je n'ai rien fait qui pût donner lieu à une pareille mesure, à moins que la probité, l'incorruptibilité et la vertu ne soient des crimes ; à moins que la ferveur du républicanisme et l'horreur de la tyrannie ne soient des conspirations.

Souffrirez-vous, mandataires du souverain, qu'un malheureux patriote de 1789 périsse de froid, de misère et de maladie, dans un cachot humide, méphitique et insalubre, séjour des conspirateurs et des traîtres ?

Souffrirez-vous qu'un citoyen qui compte cinq années de services patriotiques, de veilles, de sacrifices et de périls pour la cause de la

(1) L'original porte en marge : Le 12 frimaire, j'ai confié à quatre membres du Comité de Sedan, venus à ma prison sur un ordre de la municipalité, la lettre ci-jointe avec le mémoire y joint à l'adresse de la Convention Nationale, du Comité de Salut public, y jointe une lettre à Lejeune, membre du Comité de Sûreté générale sous le couvert du Comité ; les dits trois paquets sous le couvert du Président de la Convention Nationale.

(2) 2 décembre 1794.

Liberté, demeure plus longtems livré en proie aux fureurs sanguinaires de l'ambition, de la vengeance et de la mauvaise foi !

Souffrirez-vous que celui qui s'honore d'avoir été proscrit et presqu'égorgé par l'ordre des triumvirs abattus et des triumvirs qui respirent encore et cela dans le tems même et pour prix des efforts qu'il faisait pour concourir à éteindre la guerre de la Vendée par la propagation des lumières, de la persuasion et du républicanisme gémisse plus longtems sous l'oppression de la Tyrannie, de la scélératesse co-alisées ?

Citoyens Représentans, ce ne sont point les membres actuels du gouvernement, ce ne sont pas même tous ceux de l'ancien Comité du Salut Public qui sont les auteurs de mon oppression. Je rends hommage aux vertus de Carnot (1), de Jambon de Saint-André (2), de Robert Lindet (3) et des deux Prieurs ; ils ont partagé les travaux sans partager les crimes des conspirateurs. Mais c'est vous, Collot-d'Herbois (4), Barrère (5) et Billaud-

(1) Carnot (Joseph-François-Claude), né à Morlay (Côte-d'Or), le 13 mai 1753, mort à Magdebourg le 2 août 1823. Il fut député du Pas-de-Calais à la Législative et à la Convention. A la dissolution de cette dernière assemblée, il fut élu par 14 départements et remplaça Sieyès au Directoire. On sait quel rôle militaire admirable il joua pendant sa vie et qui lui valut le titre d'*Organisateur de la Victoire*.

(2) Bon Saint-André (Jean), né à Montauban le 25 février 1749 et mort à Mayence le 10 décembre 1813. Il était pasteur protestant quand il fut envoyé par le département du Lot à la Convention. Nommé consul général à Smyrne, il fut fait prisonnier par les Anglais en se rendant à son poste. Remis en liberté en 1801, il devint préfet de Mayence sous l'Empire.

(3) Lindet (Robert), né à Bernay le 2 mai 1746, mort à Paris le 16 février 1825. Il était avocat lorsque le département de l'Eure l'envoya à la Législative. Il fit partie de la Convention Nationale et du Comité de Salut public. Décrété d'accusation le 9 prairial an III (28 mai 1795), il fut arrêté le 2 thermidor (20 juillet). Amnistié, il fut impliqué ensuite mais acquitté dans le procès Babeuf. Ministre des finances de juillet 1799 au 18 brumaire, époque à laquelle il rentra dans la vie privée.

(4) Collot-d'Herbois (Jean-Marie), né à Paris en 1750 et mort à la Guyane, où il fut déporté, le 8 janvier 1795.

Oratorien d'abord, et acteur ensuite, il dut sa vie politique à son *Almanach du père Gérard*. Elu membre de la municipalité de Paris au lendemain du 10 août, il fut envoyé peu après à la Convention. Dans les missions qui lui furent confiées, notamment celle de Lyon, il se fit remarquer par sa cruauté, qui lui valut du reste le surnom de *pourvoyeur de l'échafaud*. Membre du Comité de Salut public, il se sépara de Robespierre et de Saint-Just, quand il sentit l'heure des représailles venir. Il n'en fut pas moins déporté.

(5) Barère (Bertrand de Vieuzac), né à Tarbes le 10 septembre 1755, mort le 13 janvier 1841.

Il fut élu député par les Hautes-Pyrénées à la Convention, devint membre du Comité de Salut public jusqu'au 1er septembre 1794. Décrété d'accusation le 2 mars 1795, il fut condamné à la déportation, mais il s'évada et se cacha pendant 5 ans à Bordeaux. Sous l'Empire, il fut un des agents secrets de Napoléon, ce qui lui valut d'être exilé en 1816. Il resta à Bruxelles jusqu'en 1830. Il devint conseiller général des Hautes-Pyrénées en 1834, mandat qu'il remplit jusqu'en 1840.

Varennes (1), que j'accuse du fond de mon souterrain, d'avoir voulu ensevelir avec moi la vérité dans ma bastille ; vous qui, la nuit du 15 au 16 germinal (2), avez signé sans m'avoir entendu mon arrêt de proscription et de mort, vous qui depuis avez eu le machiavélisme de me faire arrêter à mon passage à Rheims le 5 floréal (3), pour faire enlever de mes papiers les pièces probantes de quelques-uns de vos attentats liberticides ; vous qui m'avez fait arrêter dans les départements de l'ouest sous prétexte que je les parcourais sans pouvoir, tandis que vous les aviez signés vous-même le 30 vendémiaire (4), l'an 2 de la République, tandis enfin qu'ils étaient signés des républicains Bourbotte (5), Thuvreau (6), Fayau, Levasseur, Guimberteau, Prieur (de la Marne), Garreau, Hentz (7) et Francastel (8). Je vous en atteste tous, Représentants du Peuple. Je vous en atteste aussi Elie Lacoste (9), Dubarreau (10), Louis (du Bas-Rhin), Vouland (11),

(1) Billaud-Varennes (Jacques-Nicolas), né à La Rochelle, le 23 avril 1756, mort à Port-au-Prince le 3 juin 1819. Fut député de Paris à la Convention et membre du Comité de Salut public. Il contribua à la chute de Robespierre. Déporté à la Guyane le 1er avril 1795, il refusa sa grâce après le 18 brumaire et s'évada de Cayenne en 1816.

(2) 4 au 5 avril 1794.

(3) 24 avril 1794.

(4) 21 octobre 1793.

(5) Bourbotte (Pierre), né au Vault (Côte-d'Or), le 5 juin 1763, mort sur l'échafaud à Paris, le 13 juin 1795. Elu député à la Convention par le département de l'Yonne, il se fit remarquer en Vendée par ses cruautés.

(6) Thuriot, et non pas Thuvreau, (Jacques-Alexandre de la Rosière), mort à Liège le 29 juin 1820. Envoyé par le département de la Marne à l'Assemblée législative et à la Convention, il fut aussi, pendant quelques mois, membre du Comité de Salut public. Nommé président de l'Assemblée, il combattit Robespierre au 9 thermidor. Proscrit comme terroriste en avril 1795, il s'échappa, devint substitut du procureur général à la Cour de cassation, où l'exil le frappa en 1816 comme régicide.

(7) Hentz (Charles), né à Sierk (Moselle), vers 1750, mort à Philadelphie, vers 1824. Se signala par ses rigueurs aux armées d'Allemagne et de l'Ouest. Mis en arrestation en 1795, il fut amnistié. Il vivait misérablement à Beauvais lorsque, reconnu, il s'enfuya de cette ville pour l'Amérique.

(8) Francastel, député suppléant de l'Eure, siégea à la Montagne, puis au Comité de Salut public, envoyé en mission en Vendée fut plus cruel dans ses écrits que dans ses actes.

(9) Lacoste (Elie), né à Montagnac (Dordogne), où il mourut en 1803 ; fut député à la Législative et à la Convention.

(10) Dubarran (Barbeau), et non Dubarreau, né à Barran, près d'Auch, mort à Bâle en 1816. Il était avocat quand il fut envoyé à la Convention par le département du Gers. Il devint l'un des plus ardents Jacobins, et au Comité de Sûreté générale il se fit remarquer par sa tyrannie. A la chute de Robespierre, il fut un des plus violents adversaires du tyran. Dénoncé à la suite de la conspiration du 1er prairial an III (20 mai 1795), il fut enfermé au Ham, mais amnistié. Il a été compris parmi les régicides et exilé avec eux.

(11) Voulland (Jean-Henri), né à Uzès, le 11 octobre 1751, mort à Paris le 13 février 1801. Il était avocat et juge au tribunal d'Uzès, lorsque le département du Gard l'envoya siéger à la Convention. Il devint membre du Comité de Sûreté générale. Décrété d'arrestation le 28 mai 1795, il fut amnistié.

Moyse Bayle (1), Rhul (2), Vadier (3), vous qui dont le courage et la vertu m'ont soustrait à l'assassinat arrêté par mes bourreaux ; vous qui avez gémi sur mon sort et qui m'avez placé sous votre sauvegarde le 20 floréal (4) pour me garantir contre la persécution. Je vous atteste aussi, membres du Comité révolutionnaire de Tours, qui avez exécuté l'ordre tyrannique des Triumvirs. Vous surtout, Blanchet, Georget, Héral et Couel, qui m'avez accompagné devant le Comité de Salut Public et qui avez été témoins des outrages et des fureurs de ces trois tyrans. J'accuse encore mes oppresseurs d'avoir étouffé ma voix par leur faction lorsque je m'étais élancé à la tribune de la Société des amis de la Liberté et de l'Egalité de Paris le 6 (5) et quelques jours après, le 20 floréal, pour les démasquer et pour révéler leurs crimes et ceux de leurs complices, à la face du peuple.

Citoyens Représentans, mes ancêtres qu'étaient de pauvres et vertueux cultivateurs ne m'ont légué d'autre fortune que la probité et la franchise ; d'ailleurs ruiné par les persécutions, je n'ai pas la faculté d'envoyer des ambassadeurs pour plaider ma cause devant vous ; je n'ai à opposer à mes ennemis que mon innocence, mon zèle patriotique et les services que j'ai rendus à la cause de la Liberté. Si cette circonstance est peu de chose pour mes oppresseurs qui sont ceux de la Liberté, elle est beaucoup aux yeux des représentants du peuple français qui sçauront enfin me rendre la justice que je réclame et après laquelle je soupire en vain depuis quatre mois. Je ne crains pas de provoquer l'examen plus sévère

(1) Bayle (Moyse) se prétendait un descendant du philosophe Pierre Bayle. Il était procureur général syndic provisoire des Bouches-du-Rhône, quand il fut envoyé par ce département à la Convention, dont il devint président le 22 octobre 1793. Il fut membre du Comité de Sûreté générale du 14 septembre 1793 au 1er septembre suivant. Arrêté le 5 avril 1795 il fut amnistié. Rentré dans la vie privée après le 18 brumaire, il fut proscrit en janvier 1800 et mourut en exil vers 1815.

(2) Ruhl (Philippe-Jacques), né aux environs de Strasbourg, d'abord administrateur du Bas-Rhin, il fut envoyé à l'Assemblée législative, puis à la Convention. Acharné au début, il se modéra plus tard. Il vint à Reims, alors qu'il était secrétaire du bureau du Comité de Salut public et membre du Comité de Sûreté générale. Pendant son séjour dans cette ville « il fit, dit M. Haag, assembler les vieillards pour prêcher sur la place publique la haine des tyrans. Son âge lui en donnant le droit, il prit place au milieu d'eux et se mit à haranguer le peuple ». Ce fut pendant ce même séjour qu'il brisa la fameuse fiole d'huile qui avait servi au baptême de Clovis et des autres rois de France à Reims. Arrêté après le 9 thermidor, il se suicida le 30 mai 1795.

(3) Vadier (Marc-Guillaume-Alexis), né en 1736 dans le comté de Foix, mort à Bruxelles le 14 décembre 1828. Il fut député de ce comté aux Etats-Généraux, et de l'Ariège à la Convention. En septembre 1793, il figura au Comité de Sûreté générale et prit part au 9 thermidor. Décrété d'accusation le 2 mars 1795, il se cacha ; il fut compromis aussi dans la conspiration de Babeuf, et acquitté, exilé en 1816.

(4) 10 mars 1794.

(5) 25 avril 1794.

de ma conduite publique et de ma vie privée, non seulement depuis le commencement de la Révolution mais depuis l'époque où j'ai commencé à jouir de l'usage de mes facultés morales et intellectuelles, mes ennemis ne sçauraient en dire autant sans imposture. Prononcez sur mon sort ; rendez-moi à la Patrie, à la liberté auxquels je n'ai été ravi que par des hommes qui n'ayant pu m'immoler à leurs fureurs sanguinaires avant la conjuration dont Robespierre était le chef, ont voulu profiter de la chute du Catilina français pour assouvir leur vengeance et leurs projets homicides.

MOGUE.

XVII (1)

De la Citadelle de Sedan le 12 frimaire, l'an 3 de la République, une et indivisible (2).

Mogue, ci-devant envoyé près l'armée et dans les départements de l'Ouest, au Représentant du peuple Legendre de Paris (3), salut.

CITOYEN REPRÉSENTANT,

Comme toi, je ne suis ni avocat, ni homme de lettres, mais je suis honnête homme et tous les trésors de Plutus ne me feraient pas trahir mon pays, né de pauvres cultivateurs, j'ai sucé la franchise et la vertu avec le lait ; il faut que je m'épanche dans ton âme.

Depuis le 18 thermidor, je gémis sous l'oppression des trois conspirateurs que tu viens de démasquer pour la seconde fois et que tu as heureusement qualifiés de caméléons politiques ; c'est pour la 3e fois que je suis embastillé par ces grands coupables qui redoutent mon témoignage et qui tremblent à l'aspect des preuves et des témoins respectables que je puis produire de quelques-uns de leurs attentats populicides.

J'ai éprouvé dans ma mission près l'armée de l'Ouest le sort de tous les hommes vertueux qui voulaient absolument terminer la guerre de la Vendée. J'ai été persécuté, proscrit et presqu'égorgé par ces trois hommes qui avaient intérêt d'ensevelir avec moi la vérité dans le tombeau. Mais malgré les manœuvres qu'ils ont épuisées pour me ravir les preuves matérielles de leurs crimes, je suis encore en état de les convaincre de conspiration. Après avoir épuisé toutes les ressources de leurs intrigues et de leur

(1) L'original porte : Remis le 12 frimaire à quatre membres du Comité révolutionnaire de Sedan, en présence d'Antoine Fontaine concierge et des citoyens Fressier tisseur, Lejeune monteur de chardrons et Anpin tondeur, de garde ce jour au poste de ma prison, pour être porté à la poste avec deux autres paquets ; les trois paquets contenus sont à l'adresse du Président de la Convention Nationale.

(2) 2 décembre 1794.

(3) Legendre (Louis), né à Paris en 1750 où il mourut le 13 décembre 1797. Il était boucher quand il fut envoyé par Paris à la Convention. Il devint membre du Comité de Sûreté générale et prit une part active à la révolution thermidorienne. Il siégea au Conseil des Cinq-Cents.

ambition pour me controuver, je ne dis pas des crimes, mais des délits, de me placer au rang de leurs honorables victimes, après avoir tenté par deux fois et toujours en vain de m'assassiner judiciairement avant la découverte de conspiration de Robespierre leur complice, ils ont eu le machiavélisme de profiter de sa chute pour réaliser leur projet homicide ; de là ma nouvelle arrestation en vertu de l'arrêté, non motivé qu'ils ont surpris à la probité du Comité de Salut Public, le 16 thermidor dernier. Non contens de m'avoir fait jetter dans un cachot où je dépéris de froid, de misère et de maladie depuis quatre mois, ils m'ont fait mettre au plus grand secret afin que je ne puisse pas élever la voix pour proclamer la vérité, et leurs agens ont été jusqu'à intercepter à la porte une dépêche que j'avais fait déposer par le concierge de ma Bastille à l'adresse du Président de la Convention Nationale. Et si cette lettre te parvient ce sera par l'effet des moyens adroits que je prends pour te la transmettre.

Citoyen Représentan, j'avais écrit aux Comités actuels de Salut public et de Sûreté générale pour leur demander qu'ils me fissent conduire dans le sein de l'un d'eux pour y fournir des preuves des faits graves que je possède à la charge de ces trois hommes. Je ne sache pas et je doute fort que mes dépêches soient parvenues à leurs destinations, tu peux vérifier le fait dans les cartons du Comité.

Citoyen, j'ai fait mes preuves à toutes les époques de la Révolution ; je les ai faites à celle même du 9 thermidor, car c'est moi qui, le premier, me suis lancé le 11 à la tribune populaire de Sedan y vouer à l'échafaud et à l'infamie les conspirateurs pour m'y rallier et y provoquer le ralliement de la Société du Peuple sedanais autour de la représentation nationale. Malgré mon jeune âge, je m'honore d'avoir rendu de grands services à ma Patrie sans compter ceux que je lui réserve, aussitôt que je serai encore une fois échappé des griffes de la Tyrannie ; ton collègue Laporte dont j'ai été le secrétaire et le commissaire sur cette frontière peut te dire quels sont mes principes et mon caractère ; Merlin (de Thionville) connaît une partie des persécutions que j'ai essuyées pour la cause de la liberté au commencement de la Révolution ; Levasseur (de la Sarthe) ; Hentz, Bourbotte, Francastel, Jebou, Guimberland et presque tous les membres de l'ancien Comité de Sûreté générale connaissent mon patriotisme et ma probité ; tu peux les consulter.

Citoyen Représentant, je ne puis t'en dire aujourd'hui davantage ; peut-être en aurais-je déjà trop dit si ma lettre était interceptée. Mais fais-moi venir au Comité dont tu es membre ; j'y ferai la décla-

7

ration des faits que je connais, j'en citerai des témoins incorruptibles, j'en fournirai les preuves suffisantes. Ces traîtres savent bien qu'il y a longtems que je les aurais démasqués, au péril de ma vie, s'ils ne m'eussent pas fait embastiller, mais dût-il m'en coûter l'existence, je jure du fond de mon souterrain que je ferai retentir la vérité qui doit faire connaître les assassins de la Patrie.

Salut et fraternité.

MOGUE.

XVIII

De la citadelle de Sedan, le 22 frimaire de l'an 3e de la République une et indivisible et démocratique (1).

Mogue, commissaire national près le tribunal du district de Sedan à la Convention nationale et à ses comités de Gouvernement.

CITOYENS REPRÉSENTANS DU SOUVERAIN,

La vérité est l'antidote de la calomnie. Quand ce monstre a exhalé ses poisons, la publicité devient l'unique remède qui puisse arrêter le cours du mal causé aux réputations les plus intègres par son influence pestilentielle. Je vais donc proclamer la vérité dans le sanctuaire de la justice et de la liberté.

Voilà quatre mois et demi que je fus arraché à mes paisibles foyers et à mes fonctions publiques pour être jetté dans les fers, mon arrestation avait été simple comme elle devait l'être, jusqu'au dix fructidor dernier ; mais à cette époque je me vis tirer de ma prison pour être enseveli vivant dans une Bastille impénétrable à l'amitié, à la nature, à l'humanité. Cependant je suis irréprochable dans ma conduite politique et dans ma vie privée, je puis m'écrier avec l'orateur Romain : Quel est mon crime ? où sont mes accusateurs ! où sont leurs preuves !

Et dans quelle circonstance encore me suis-je vu priver de ma liberté ? c'est au moment où le premier je venais d'applaudir à la découverte et à l'anéantissement de la conjuration du Catilina français et de ses complices. C'est au moment où le premier je venais de me railler solennellement et de provoquer le ralliement de la société populaire et du peuple sedanais autour de la représentation nationale du gouvernement révolutionnaire. Quel est le motif de ma détention ! La loi a voulu qu'il me fut connu. Néanmoins, je l'ignore et près de cinq mois se sont écoulés sans que je puisse même le concevoir.

Oui, je le répète, quels sont donc mes attentats publics et privés?

(1) 12 décembre 1794.

Serait-ce de m'être prononcé pour la liberté et l'égalité plus de trois ans avant la révolution? et d'avoir mérité d'être honoré par le despotisme d'une *lettre de cachet* que la chute de la Bastille n'a pas permis d'exécuter?

Serait-ce de n'avoir cessé de combattre aux avants-postes depuis le commencement de la Révolution les aristocrates, les royalistes, les fédéralistes, les sang-sues du peuple et les imposteurs appelés prêtres? de n'avoir échapé maintefois que par une espèce de prodige, aux poignards de leur ligue scélérate.

Serait-ce d'avoir prêché sans relâche, à mes concitoyens, l'instruction, la fraternité, la haine des rois, l'amour de la Patrie, au lieu de les abrutir par le vandalisme, la terreur et l'antropophagie?

Serait-ce d'avoir donné tout mon tems, toutes mes pensées, toutes mes actions, d'avoir sacrifié ma modique fortune et ma santé pour soutenir la révolution que j'idolâtre?

Serait-ce d'avoir balayé le territoire du département des Ardennes, des émigrés, des prêtres réfractaires, des fabricateurs et distributeurs de faux assignats qui l'infectaient par leur présence?

Serait-ce d'avoir le premier dénoncé les traîtres Lafayette et Custine lors même qu'ils étaient encensés comme des dieux sur la frontière des Ardennes?

Serait-ce d'avoir, lors de la trahison de l'infâme Dumouriez, arrêté, au milieu de leur camp, plusieurs de ses complices, d'avoir par là conservé à la République les places importantes de Maubeuge, Philippeville et Givet?

Serait-ce de n'avoir jamais sçu ramper devant les hommes en place, mais de les avoir démasqués courageusement quand ils trahissaient la cause du peuple?

Serait-ce d'avoir dissout, au péril de ma vie, le congrès fédéraliste et contre révolutionnaire, convoqué et tenu à Mézières, le 27 may 1793, par des administrateurs perfides et liberticides?

Serait-ce d'avoir fait les importantes expéditions des abbayes de Florennes (1), Couvin (2) et l'Hermitage, dans le ci-devant pays de Liège?

Serait-ce d'avoir voulu établir il y a un an, dans les départemens de l'Ouest où je fus envoyé par le Comité de Salut Public, le système de la persuasion et du républicanisme à l'égard des citoyens égarés par le fanatisme royal et sacerdotal?

(1) Commune de l'arrondissement de Philippeville, province de Namur, Belgique.
(2) Petite ville de Belgique, province de Namur.

Serait-ce d'avoir proposé il y a un an, au Comité de Salut Public dans un mémoire que je lui adressai de Saumur, ce système comme le seul moyen que je crusse et que je crois encore capable de sauver cette précieuse portion de la République ?

Serait-ce d'avoir réalisé autant qu'il était en moi ce système philantropique en faisant circuler à torrens dans six départemens voisins du théâtre de la rébellion quarante mille exemplaires de la déclaration des droits de l'homme et de la constitution républicaine que j'avais fait imprimer tout exprès en très gros caractères ; serait-ce d'y avoir fait circuler tous les écrits populaires, capables de démasquer le fanatisme et de propager les principes du républicanisme et l'amour de la patrie ?

Serait-ce d'avoir été pour prix de mes veilles et de mes efforts, persécuté, arrêté, proscrit et presqu'égorgé par l'ordre des Couthon (1), des Saint-Just (2), des Collot d'Herbois, des Barère et des Billaud-Varennes et cela dans le tems même que je prêchais dans les Sociétés populaires et que je réalisais dans les communes des départemens de l'Ouest, mon système destructif de l'imposture sacerdotale et du brigandage royal ?

Serait-ce enfin d'avoir pris sans cesse la défense de tous les patriotes opprimés ou malheureux que j'ai découverts dans mon département et dans ceux que j'ai parcourus ?

Voilà, citoyens représentans, quelques-uns des principaux faits qui constituent l'histoire de ma vie publique et privée et cependant je gémis dans les ténèbres d'un cachot humide, méphitique et insalubre où ma santé, déjà délabrée par mes veilles et mes nombreux efforts patriotiques, dépérit entièrement ! Et la justice est à l'ordre du jour. O liberté, ô sainte égalité ! seriez-vous donc exilés du territoire français ; ou plutôt ne seriez-vous que de vains fantômes pour vos amis, pour vos apôtres les plus fidèles ?

La multiplicité des affaires qui occupent le nouveau Comité de Salut Public lui aurait-elle fait oublier ma détention ? J'ai adressé à la Convention nationale ainsi qu'à ses Comités de Salut public et de Sûreté générale l'abrégé historique de ce que j'ai fait pour la Liberté

(1) Couthon (Georges), né à Orcet (Puy-de-Dôme) en 1765, mort sur l'échafaud à Paris, le 27 juillet 1794. Il était avocat lorsqu'il fut élu député à l'Assemblée législative, et plus tard à la Convention. Membre du Comité de Salut public, il fut envoyé à Lyon (19 août) où il se signala par ses atrocités. Il resta fidèle à Robespierre et monta avec lui sur l'échafaud.

(2) Saint-Just (Louis-Antoine de), né le 25 août 1767, à Décise (Nièvre), mort sur l'échafaud à Paris, le 28 juillet 1794. Il fut député de l'Aisne à la Convention. Il se lia d'une forte amitié avec Robespierre dont il partagea le sort.

et de ce que j'ai souffert pour elle, suivant le vœu exprimé par l'arrêté du Comité de Salut public du 16 thermidor dernier. Ma dépêche aurait-elle été interceptée ? Toutes les pétitions que j'ai adressées à la représentation nationale et à ses comités de gouvernement auraient-elles été accaparées par ceux qui ont le plus grand intérêt d'ensevelir avec moi dans ma bastille, l'auguste vérité dont la manifestation fait pâlir les traîtres, les complices de Robespierre qui ont eu le machiavélisme de surprendre à la probité du nouveau Comité de Salut public l'arrestation d'un républicain pauvre et malheureux, mais énergique et incorruptible ?

Un décret rendu depuis la Révolution du neuf thermidor prescrit au Comité de Salut public de mettre en jugement ou en liberté, dans les deux mois, les citoyens qu'il aura fait arrêter ; ce délai est bien plus qu'expiré et j'ignore encore les motifs de ma captivité. Un nouveau décret vient de charger le Comité de Sûreté générale de prononcer sur le sort des citoyens arrêtés depuis le neuf thermidor. Je suis donc fondé à réclamer et je réclame en effet, pour la cinquième fois, la justice de la Convention nationale. La voix du patriotisme et de l'innocence opprimés dans ma personne parviendra enfin jusqu'aux oreilles des mandataires du souverain.

En attendant, je supporte mon sort avec calme et résignation ; l'expérience m'a appris à goûter combien il est doux de souffrir pour la cause sublime de l'Egalité et de la Liberté.

MOGUE,

Le Propagateur des droits de l'homme.

XIX (1)

Mogue, commissaire national lors de son arrestation près le tribunal du district de Sedan, à la Convention Nationale.

Mandataires du Peuple souverain,

Une des ressources de la tyrannie est d'ensevelir dans des cachots impénétrables les hommes courageux dont elle redoute la véracité ; depuis cinq mois je suis embastillé en vertu d'une *lettre de cachet* ; c'est ainsi que je qualifie un ordre qui n'a et ne peut avoir aucun motif. Depuis cinq mois mon âme comprimée s'insurge en vain contre l'arbitraire ; les lois, la justice, les droits de l'homme, tout est sourd à mes plaintes ; mais encore je ne sçais quelle puissance intercepte ma pensée et l'empêche de parvenir à la Représentation nationale.

Victime des tyrans de l'ancien Comité de Salut Public, je croyais devoir compter sur la justice des nouveaux Comités de gouvernement; mais leur insouciance ou leur oubli me force de leur rappeler les articles suivants de la déclaration des droits de l'homme.

Art. 9. — La loi doit protéger la liberté publique et individuelle contre l'oppression de ceux qui gouvernent.

Art. 33. — La résistance à l'oppression est la conséquence des autres droits de l'homme.

Art. 34. — Il y a oppression contre le corps social, lorsqu'un seul est opprimé.

Citoyens Représentans, si la vertu, si l'ardent amour de la Patrie, si le plus pur démocratisme sont des crimes, je demande à marcher à l'instant à l'échafaud, les sacrifices que j'ai faits et les services que j'ai rendus à la cause de la Liberté m'ont acquis quelques droits à cette récompense. Vous dire qu'outre la ruine de ma santé, je suis, à 23 ans, réduit à vivre d'aumônes dans mon cachot où d'ailleurs je dépéris de froid, de misère et de maladie ; ce n'est que vous don-

(1) L'original porte en marge : Partie le 8 nivôse quadruple ; l'une à la Convention, l'autre à ses secrétaires, un troisième à Bô et Hentz ; la quatrième à Levasseur avec chacune une lettre à ces députés.

ner un faible échantillon des atroces persécutions que j'ai éprouvées. Mais pour être le plus horriblement opprimé, je ne suis pas la seule victime ; faites vous rendre compte des cinq pétitions successives et des pièces que j'ai adressées à vos Comités de Salut Public et de Sûreté Générale et vous serez convaincus que si avant le 9 thermidor, le torrent de la Révolution a dans son cours impétueux renversé quelques innocens, aujourd'huy sa réaction opprime dans le département des Ardennes de malheureux sans culottes qui n'ont d'autre crime que leur énergie, d'autres fortunes que leurs vertus civiques.

Justice, Egalité, Justice ou la mort.

Mogue,

Propagateur des droits de l'homme.

XX

De la citadelle de Sedan le 14 nivôse l'an 3 de la République démocratique, une et indivisible (1).

Mogue, ex commissaire national du Tribunal du district de Sedan, détenu depuis le 18 thermidor, à la Citadelle de cette place. A la Convention nationale.

FONDATEURS ET SOUTIENS DE LA RÉPUBLIQUE,

L'oppression redouble l'énergie du patriotisme dans la même proportion qu'elle augmente l'horreur de la tyrannie, mon âme frémi d'indignation en apprenant l'audace de l'infâme royaliste qui vient de proclamer, jusque dans les avenues de l'Assemblée nationale, ses blasphêmes patricides. Cet attentat, quelqu'énorme qu'il soit, ne m'a point étonné; il y a quatre mois que, du fond des souterrains où m'ont plongé la calomnie, la vengeance, la perfidie, j'avais pressenti, j'avais prédit aux autorités constituées de cette commune l'existence du plan dont le traître Delacroix n'a fait qu'un faible essais. Certes, il n'est pas isolé le conspirateur qui a poussé l'impudeur du crime jusqu'à proposer, à la face des fondateurs de la République, de rendre un tyran et des fers à vingt-quatre millions de républicains : non, il n'est pas isolé, il a des complices et des fauteurs dont il est tenu d'étouffer les complots téméraires.

Le royalisme, n'en doutez plus, Représentans, a voulu s'emparer de la Révolution du 9 thermidor ; il s'est dit à lui-même : Essayons de relever notre empire à la faveur de la crise occasionnée par ce nouvel événement, et pour y parvenir, diffamons, proscrivons les fondateurs de la démocratie ; ébranlons et sapons les colonnes du temple de la Liberté ; ensevelissons dans les cachots les républicains les plus énergiques ; calomnions, persécutons, décourageons tous ceux qui ont servi avec zèle et constance le gouvernement démocratique. Dépravons la conscience et la morale publiques ; emparons-

(1) 3 janvier 1795.

nous des tribunes dans les sections et dans les clubs ; arborons les couleurs du patriotisme, affâmons le peuple, faisons disparaître et monter à un taux inaccessible les denrées indispensables à sa subsistance, avilissons, en raison inverse, la monnaie nationale ; présentons lui nos partisans comme ses meilleurs amis, et quand nous l'aurons réduit aux horreurs de la misère et du désespoir, nous finirons par lui offrir la paix avec un roi, comme le seul remède à ses maux, comme unique source de la prospérité.

Tels furent, pères de la Patrie, le langage et les combinaisons des partisans et des fauteurs de la Royauté. Et gardez-vous de croire que le conspirateur Delacroix soit le seul agent de cette trâme populicide ; elle a des artisans et des prédicateurs secrets sur tous les points de la République. Vous avez rempli votre devoir en traduisant devant la justice nationale le scélérat qui le premier osa lever le masque et faire entendre le cri de révolte que ses complices devaient bientôt répéter dans les diverses sections de la France ; mais vous n'avez pas encore assez fait pour le salut du peuple, car ces derniers n'ont pas perdu tout espoir ; achevez de porter dans leur âme l'épouvante et la mort ; faites tomber sans délai la tête perfide de l'infâme Delacroix et que l'exemple de son supplice en impose à ceux de ses complices qui seraient tentés de l'imiter. Et cependant, redoublez, s'il est possible, l'activité de votre surveillance et confondez tous les traîtres.

Citoyens Représentans, le supplice de la guillotine est trop doux pour punir cet horrible attentat ; un pareil monstre mériterait d'être empalé et d'expirer ainsi lentement, exposé en face des déesses de l'Égalité et de la Liberté, dont il a conspiré ; vive la République démocratique, vive à jamais le peuple français, vive la représentation nationale.

Mogue,

Propagateur des droits de l'homme.

XXI (1)

A la citadelle de Sedan, le 18 pluviôse,
3e année républicaine (2).

Mogue, ci-devant envoyé par l'armée de l'Ouest par le gouvernement et commissaire de plusieurs Montagnards dans le département des Ardennes. Au Rédacteur du Journal les Hommes libres ; *— à celui de l'*Ami du Peuple ; *— à celui du* Journal universel ; *— à celui du* Tribun des Peuples.

Républicains,

Le patriote dont la justice et l'intégrité ont plastronné l'âme et le cœur d'un triple bronze contre lequel se sont émoussés depuis six ans les traits de l'aristocratie, du royalisme, de la superstition, du fédéralisme et de la friponnerie. Le patriote qui, depuis l'aurore de la Révolution n'a cessé de donner à son pays toutes ses pensées, toutes ses actions, de lui sacrifier son repos, sa santé et le faible patrimoine de ses ancêtres peut paraître avec un front serein devant le tribunal de l'opinion publique ; il ne redoute pas les hurlements de la calomnie, ni les vociférations de la vengeance, ni les poignards de la tyrannie, mais il est de vils intrigans qui tout en se prétendant les apôtres exclusifs de la justice, ne laissent pas d'en fouler aux pieds et les loix saintes et les principes sacrés ; aujourd'huy tels fonctionnaires, revêtus d'un grand caractère s'efforcent de proscrire et de tyranniser, sous les qualifications indéfinies de *terroristes, d'égorgeurs, de buveurs de sang*, les courageux athlètes du 14 juillet, du 10 avril et du 31 may ; tandis qu'ils ne paraîtraient pas sans pâlir devant les républicains qu'ils n'en ont la perfide précaution d'enfouir dans des cachots que pour étouffer la voix de la vérité, et comprimer l'essor du patriotisme. De tels hommes ne flattent le peuple que pour l'enchaîner, le vendre aux brigands couronnés. Certes, il est plus d'une Bastille où languissent depuis la révolution

(1) En marge, sur l'original : Porté à la poste de Donchery, par.... le pluviose, an III.
(2) 6 février 1795.

du 9 thermidor des patriotes dont le seul délit est d'avoir été témoins ou de posséder des preuves des trahisons et des attentats liberticides de leurs oppresseurs et des contre révolutionnaires qu'ils protègent.

Je ne sais si les gouvernements les plus despotiques offrent quelques exemples de la tyrannie qui pèse aujourd'hui sur les plus intrépides défenseurs de la démocratie. Transmets à la France, citoyen, par le véhicule de ton journal, que, depuis le 18 thermidor, je suis enseveli dans une caverne humide et méphitique, pratiquée dans le sein d'un rempart de vingt pieds d'épaisseur ; dis-lui que la plupart des patriotes qui ont partagé et mes travaux et mes périls sur cette frontière, partagent mes honorables persécutions ; dis-lui que ces malheureuses victimes des passions et des vengeances aristocratiques subissent aujourd'huy depuis six mois dans les cachots de trois départements, le crime d'avoir adoré la patrie et de n'avoir respiré que pour son salut et son bonheur. Dis-lui que loin d'avoir obtenu la justice que j'ai réclamée, par huit pétitions successives adressées aux nouveaux comités de gouvernement, je suis encore à connaître les *prétendus motifs* de la plus inique captivité : Je ne demandais pas grâce, je n'en ai pas besoin : *les amnisties ne sont faites que pour les brigands* ; dis à la France que deux fois j'ai demandé sans succès à être conduit à Paris, *sous l'escorte d'un escadron* s'il eût fallu, pour y prouver les conspirations de plusieurs des nouveaux oppresseurs de la Patrie. Mais leurs chefs ont sans doute le pouvoir de tarir les sources de la vérité comme ils ont celui de comprimer les élans du républicanisme. Dis à nos tyrans nouveaux que tous leurs efforts sont vains ; que la ligue scélérate des Royalistes, des ministres de l'imposture, des Robinocrates et des esclaves de Plutus sera encore une fois confondue. Dis-leur que la masse incorruptible des sans-culottes, qui ne sont ni *doucereux orateurs, ni fabricateurs d'adresses lâchement serviles*, mais qui savent foudroyer les traîtres et les dominateurs sortira encore une fois victorieuse de cette lutte patricide.

Vive la démocratie ! Vive à jamais le peuple français !

Mogue,

Citoyen des Ardennes.

XXII (1)

A la Convention Nationale

REPRÉSENTANS DU PEUPLE SOUVERAIN,

C'est la huitième fois que j'élève la voix pour invoquer la justice nationale. Je ne sçais quelle puissance oppressive me réduit depuis plus de six mois à l'impossibilité de vous communiquer mes plaintes contre les oppressions, traitemens arbitraires, et les persécutions atroces dont je suis la victime innocente, après six années de travaux, de veilles et de sacrifices consacrées à la Patrie ; après avoir été successivement calomnié, persécuté, proscrit par l'aristocratie royale, féodale, sacerdotale, praticienne, financière ; par l'ambition, le fédéralisme et la friponnerie ; après avoir vu tous les traits de la vengeance et des haines particulières s'émousser contre mon patriotisme et mon intacte probité, n'est-il pas bien affligeant de se trouver enseveli *sans aucun motif légitime*, dans une caverne humide et méphitique *pratiquée dans le sein d'un rempart de vingt pieds d'épaisseur*, où j'ai à combattre sans relâche la faim, le froid, la misère et le sentiment plus pénible encore de ne pouvoir concourir, faisant mes vœux ardens au salut et à la prospérité de la République, voilà ma situation depuis le 18 thermidor.

Je ne demande aucune grâce, Citoyens Représentants. Je n'existerais plus si je n'avais eu besoin ; mais je réclame l'examen le plus sévère de ma conduite publique et privée ; je demande a être confronté à mes accusateurs, s'il en existe ; je demande à connaître les motifs de la plus inique et de la plus atroce captivité ; je demande la mort si la ligue de mes ennemis peut me convaincre d'un seul crime, et la liberté si mon innocence est reconnue : tel est le seul prix auquel j'ai droit de prétendre pour les nombreux services que je m'honore d'avoir rendus à la cause de la Liberté.

Vive la démocratie, vive à jamais le peuple français.

MOGUE.

(1) En marge : Envoyé au Président de la Convention, à Levasseur, à Hentz, à Armonville et à Delaporte ; le récépissé ci-dessous accompagne l'original :

N° 6593 Chargement fait au Bureau des Postes de Sedan, le 24 pluviose, l'an 3e (*a*) de la République française, une et indivisible. Ce Bulletin doit être gardé par l'envoyeur pour faciliter les recherches en cas de réclamation. (*a*) 12 février 1795.	Par Mogue — Pétition à la Convention, en date du 18 pluviose.

XXIII (1)

De la citadelle de Sedan, le 30 pluviose, l'an 3 (2), de la République démocratique.

Mogue au Président de la Convention Nationale.

CITOYEN PRÉSIDENT,

Malgré l'énorme épaisseur des murs de ma caverne, le patriotisme qui renverse tous les obstacles et brave tous les périls est parvenu à me communiquer le raport de la mission de M. Delacroix dans les départemens des Ardennes et de la Meuse. Je viens de répondre aux inculpations vagues, absurdes et calomnieuses qui me concernent dans cette production du machiavélisme et de la perfidie. Je t'adresse ma réponse que tu mettras sous les yeux de la Convention ou du Comité de Sûreté Générale ou du rapporteur qu'il a dû charger de l'examen de l'affaire des Patriotes persécutés sur cette frontière qu'ils ont tant de fois arrachée des griffes de l'aigle autrichien. Puisse enfin ma voix, comprimée depuis si long tems, être entendue des proclamateurs de la justice, puisse enfin le flambeau de la vérité dissiper ce tourbillon d'impostures, amoncelées sur ma tête par les orages précurseurs de la Royauté ; puisse enfin un souffle de l'innocence opprimée faire écrouler cet échaffaudage d'iniquités, élevé à grands frais, par les mains de la vengeance, de la mauvaise foi et de la scéléralesse, coalisées contre la vertu pauvre et le républicanisme incorruptible.

Salut et fraternité en la démocratie.

MOGUE,

Propagateur des droits de l'homme.

(1) En marge : Envoyé avec la réponse au Président de la Convention Nationale, aux citoyens Hentz, Levasseur (de la Sarthe), représentans du peuple ; le reçu ci-dessous est joint à l'original.

N° 6639 Chargement fait au Bureau des Postes de Sedan, le 2 ventose, l'an 3e (a) de la République française. Ce bulletin doit être gardé par l'envoyeur, pour faciliter les recherches en cas de réclamation.	Envoi à la Convention avec ma lettre à son Président et ma réponse au rapport de Delacroix, sous la couverture du Président, le même envoi à Hentz et à Levasseur (de la Sarthe), sous le couvert de la députation de la Mozelle, rue du Mont-Blanc, n° 13.

(2) 18 février 1795.

(a) 20 février 1795.

XXIV

Réponse de Mogue (N. M.), ci-devant envoyé par le Comité de Salut public près l'armée de l'Ouest et commissaire de plusieurs Représentans du Peuple dans le département des Ardennes, aux imputations calomnieuses contenues dans le Rapport de Charles Delacroix, Représentant du Peuple dans les départemens de la Meuse et des Ardennes, imprimé et distribué à la Convention Nationale, sur la fin du mois de nivôse an 3e républicain.

Si le caractère auguste du Représentant du Peuple a droit à nos hommages et à notre respect, le mandataire qui en est revêtu et qui a l'impudence de mentir à sa conscience jusques dans le sein de la Convention Nationale, d'y calomnier des patriotes irréprochables et de s'y déclarer l'apologiste des royalistes les plus avérés et des conspirateurs les plus reconnus, est tout à la fois un traitre et un oppresseur ; telle est la conduite du Représentant Charles Delacroix; son rapport, ou plutôt (j'aurai le courage de le dire), son virulent libelle sur sa mission dans le département des Ardennes et de la Meuse est un tissu d'impostures, de calomnies, de faits tronqués, contournés et altérés sorti du cerveau des haines et des vengeances aristocratiques dont son auteur aurait dû se méfier, au lieu de les accueillir et de les seconder contre le Républicanisme et la vertu qu'il persécute depuis six mois sur cette frontière.

Je vais prouver ces assertions, pour ce qui me concerne dans le rapport ; puisse enfin ma voix, comprimée depuis si longtemps, se faire entendre des proclamateurs de la justice et des ennemis de la tyrannie !

« Imputations. — Charles Delacroix, page 9e de son rapport, « s'exprime ainsi : « A leur tête paraît Mogue, ce prétendu propaga- « teur des Droits de l'Homme, d'abord royaliste effrené, puis « ultra-révolutionnaire et finissant par prêcher la révolte contre « l'autorité nationale ; abusant, pour satisfaire ses passions person- « nelles des pouvoirs qui lui furent donnés ».

Réponses péremptoires. — Bien que ces inculpations soient aussi vagues qu'elles sont dénuées de fondement, bien qu'elles ne précisent aucun fait à ma charge, néanmoins je vais renouveller ici ma profession de foi politique : Je réponds que j'étais plus républicain en 1789 que mon accusateur ne l'est en 1795 (V. S.). Mes écrits, mes discours, toute ma conduite attestent ce fait incontestable ; j'en fournirais mille preuves s'il en était besoin. Si servir la cause du peuple avec zèle, constance et désintéressement ; si démasquer les traîtres, les conspirateurs, les fripons et les intrigans, c'est être ultra-révolutionnaire, j'avoue que j'ai quelques droits à ce titre dont je me glorifierai toujours.

Si avoir dit à tous les citoyens qui ont abordé ma Bastille que Charles Delacroix était le tyran des plus ardens patriotes du département des Ardennes, c'est finir par prêcher la révolte contre l'autorité nationale, j'avoue que je suis coupable de ce délit et j'ajoute que je m'en honore. Du reste, je doute qu'il y ait dans ce département un seul patriote qui ait défendu avec plus de courage et les droits du peuple et le respect dû à ses mandataires réunis en Convention nationale. Mais certes, je n'ai jamais confondu quelques vexations d'un délégué des mandataires du peuple avec l'autorité nationale qui n'appartient qu'au peuple et qui ne peut impunément lui être ravie.

Je n'ai jamais abusé d'aucun pouvoir, je défie mes ennemis, même les plus acharnés, de produire une seule preuve que j'ai jamais commis une seule injustice ; j'ai rempli les nombreuses et importantes missions qui me furent confiées et par les Comités de Salut public et de Sûreté générale et par dix représentans du peuple et par l'administration du département des Ardennes à la satisfaction des patriotes et de mes commettans et s'il le fallait je produirais des milliers de pièces qui prouvent que partout ma conduite m'a valu l'estime, l'amitié et la reconnaissance des amis sincères de la Patrie. Peu m'importe d'ailleurs quelques sifflemens de l'aristocratie, du royalisme et de la friponerie. Je serais leur complice si j'avais pu obtenir ou leur silence ou leur approbation.

« Mogue, continue Delacroix, vil flatteur d'un homme riche dont « il cherchait à devenir le gendre et pour prix de son refus, vou- « lant le conduire à l'échafaud. »

Je réponds que je n'ai jamais eu d'autres relations avec l'homme riche dont parle mon détracteur (le contre révolutionnaire Ludinard) que d'avoir été en 1790 (V. S.) son défenseur officieux ; que l'ayant reconnu au mois de septembre 1792 pour un royaliste décidé, je rompis dès lors toute relation avec lui et que même je ne suis point encore remboursé de mes avances vis-à-vis de lui ; il a été traduit au tribunal révolutionnaire sur la dénonciation du citoyen Baraux, laboureur à Marat-sur-Aisne, et sur les dépositions d'environ soixante témoins qui l'accusent d'avoir foulé aux pieds et mis à la queue de son cheval la cocarde tricolore dans le milieu de la commune de Rethel ; d'avoir vociféré sans cesse des blasphèmes contre les trois assemblées nationales qui se sont succédées, d'avoir demandé un roi, d'avoir avili dans le département des Ardennes, les assignats nationaux qu'il appelait des *freloques*, d'avoir provoqué par des discours, sa conduite et ses intelligences liberticides, l'avilissement et la dissolution des trois représentations nationales, la destruction du gouvernement républicain et le rétablissement de la royauté.

Au surplus, j'ai si peu participé à son arrestation et à sa traduction au tribunal révolutionnaire que la vérité est que j'étais à mon poste près de l'armée de l'ouest, lorsque ce conspirateur fut arrêté et conduit à Paris par ordre du Comité de Sûreté Générale.

« Charles Delacroix insinue que, de concert avec Baraux, j'ai « porté dans les départemens de l'ouest, où nous avions été, dit-il, « envoyés par Robespierre, l'esprit de libertinage, de pillage, la « soif du sang et que j'ai partagé toutes les atrocités dont ces con- « trées furent le théâtre ».

Je réponds qu'il est faux que Robespierre m'ait jamais envoyé soit dans les contrées de l'ouest, soit ailleurs, je n'ai jamais eu avec ce représentant aucune relation particulière et la copie de la lettre que Ch. Delacroix prétend que je lui ai écrite pour déplorer mes chagrins et de ce que des scélérats dont j'avais la tête dans mon portefeuille avaient formé le projet de me perdre dans l'opinion des membres du Comité de Salut public, n'est autre que la copie d'une lettre que j'écrivis le 13 floréal de l'an 2 aux Comités de Salut Public et de Sûreté générale pour les prévenir des trames scélérates qui déjà sourdissaient contre moi et dont je suis aujourd'huy une seconde fois la victime.

Je porte à Ch. Delacroix et aux aristocrates des Ardennes et de l'ouest, le défi formel d'alléguer un seul fait qui prouve que je me sois permis un seul acte tendant à favoriser le système de libertinage, de pillage et de sang. Toutes mes opérations pendant huit mois que dura ma mission dans ces contrées, attestent que je l'ai, au contraire, sévèrement et continuellement réprimé : je n'ai pas versé une goutte de sang ; je n'ai pas commis une seule injustice et

8

je défie qui que ce soit de me reprocher en face une seule action dont j'eusse à rougir. Partout, j'ai prêché le Républicanisme le plus pur ; partout, j'en ai propagé et les principes et les maximes sacrées. J'en atteste les Sociétés populaires, les fonctionnaires publics, tous les patriotes des départemens d'Indre-et-Loire, de Maine-et-Loire, de la Sarthe, de la Mayenne, de la Loire-Inférieure et j'en atteste spécialement les Représentans du peuple, avec qui je me suis successivement trouvé dans le cours de ma mission et nommément les citoyens Bourbotte, Thureau, Levasseur (de la Sarthe), Gumberleaud, Jehan, Hentz, Francastel, Prieur de la Marne et Garreau.

« Delacroix, page 50 de son rapport, insinue d'après des décla-
« rations reçues par trois commissaires de la société populaire de
« Rethel, que j'ai participé avec Bareau aux noyades et aux fusil-
« lades qui ont eu lieu dans la Vendée et départemens limitrophes ».

Je réponds à cette allégation qu'elle est aussi calomnieuse qu'atroce et je porte aux lâches auteurs d'une pareille imposture, le défi positif de prouver que j'aie pris part à une seule noyade ou fusillade ; j'invoque le témoignage que j'ai déjà cité plus haut. Il serait curieux que je connusse les auteurs de ces prétendues déclarations ; à coup sûr j'y reconnaîtrais ou des scélérats que j'avais fait destituer par le représentant Levasseur, ou des agens du conspirateur Ludinard, qu'ils veulent soustraire à l'échaffaud ; je dois à la vérité de dire que tout le temps que mon vénérable collègue Barreau a été avec moi dans les départemens de l'ouest, il n'a participé non plus que moi à aucune des atrocités qu'il a plu aux aristocrates et à nos ennemis d'imaginer contre nous.

Du reste j'ignore si Barreau, après que nous fûmes séparés, a pu participer à quelqu'acte digne de blâme ; mais je connais trop et sa probité et sa délicatesse pour avoir contre lui-même des soupçons.

Quant au propos que mon accusateur me prête portant que j'ai dit dans un café à Paris que si je pouvais avoir une mission pour le département des Ardennes je ferais guillottiner la plus grande partie des habitans contre révolutionnaires.

Je réponds qu'il est faux que j'aie jamais tenu un pareil langage et jusqu'à ce que mon accusateur ait cité le jour, les témoins et le lieu des prétendus propos, je m'abstiendrai de toute autre réponse. Enfin, quand aux lettres que j'écrivais à Ludinard pour ses affaires, et que Delacroix a dénaturées, tronquées, falsifiées, je réponds que les Comités de Salut Public et de Sûreté Générale les ont vues à l'époque du 20 floréal dernier et bien loin d'y trouver rien de répréhensible, ils me donnèrent, ce jour-là, un sauf-conduit pour revenir dans mes foyers.

« Mogue, jugé digne de ravager aussi le département d'Indre-et-
« Loire, où il fut appelé pour le révolutionner y commet des excès
« dont nous laissons tracer le tableau par la sous-préfecture de
« Tours ; celle de la ville de Rheims où il s'est signalé, s'élève
« avec force contre lui. »

Il est vrai qu'appellé au Comité de Salut Public par le Représentant du Peuple Prieur (de la Côte-d'Or) je fus envoyé par le gouvernement, suivant son arrêté du 30 vendémiaire de l'an 20 (1) de la République, près l'armée dans les départements de l'Ouest pour y propager les bons principes et contribuer à y terrasser les royalistes, les fédéralistes, les aristocrates et les ennemis découvers ou cachés de la Liberté. Il est vrai que j'y ai rempli mon devoir avec intégrité, en propageant partout les principes et l'amour de la République, en protégeant les patriotes contre l'oppression, et en démasquant les intrigues, les contres révolutionnaires et les fripons, il est vrai que quelques fourbes et hypocrites que j'avais démasqués le 4 ventôse à la barre de la Convention Nationale dont j'avais fait placarder les forfaits sur les murs de la capitale ont emprunté le nom de la Société populaire de Tours pour me calomnier et pour faire circuler contre moi des libelles atroces et incriminatoires, mais j'ai confondu mes lâches calomniateurs et je leur porte le défi de m'imputer aucun délit public ou privé, qui ne soit une imposture. Les artisans des calomnies débitées contre moi à Tours sont un nommé Clément de Rys, ex-maître d'hôtel de la femme Capet, un nommé Tessier Olivier, ex-avocat au parlement et fils du régisseur de La Fayette, deux prêtres nommés Renevent et Desplanques, un ex-procureur nommé Bassereau et un contre-révolutionnaire nommé Ladroitière, agent dans les charrois, que j'ai convaincu de vols et de faits contre-révolutionnaires. Les Représentans du Peuple Jehon et Guimbarteau qui m'ont vu à Tours, peuvent rendre compte de ma conduite, mais si j'ai été calomnié à Tours par des intrigans, j'ai été accueilli par tous dans les départemens de l'Ouest et j'ai entre mes mains une foule de pièces qui prouvent tout à la fois que ma conduite m'a valu l'estime, la reconnaissance et l'amitié d'un grand nombre de savants populaires, de fonctionnaires publics et de

(1) Il faut lire de l'an II.

patriotes reconnus. J'invoque enfin le témoignage des Représentans du Peuple, Francastel, Hentz, Levasseur de la Sarthe, Bourbotte, Thurreau et Prieur de la Marne qui tous m'ont vu dans les départemens de l'Ouest.

Il est vrai que les mêmes intrigans que j'avais démasqué à Tours se sont coalisés avec la Société populaire de Rheims et celle de Mézières pour me persécuter de la manière la plus infâme ; mais qu'ont-ils gagné par tant de manœuvres. Ils ne feront jamais un scélérat d'un homme intègre et irréprochable et un contre-révolutionnaire d'un républicain dont l'âme cuirassée de ses nombreux faits patriotiques, ne craint ni les traits de la calomnie ni les efforts de l'aristocratie.

« Enfin c'est d'après ses dénonciations que Robespierre, frappant « jusques sous les yeux du Comité du Salut Public, les victimes que « Mogue lui désignait, excite dans l'intérêt du Comité, ce soulève- « ment qui bientôt éclate dans la Convention et qui produit la crise « salutaire à laquelle nous nous devons d'être délivrés d'une tyran- « nie que nous ne laisserons renouveler sous aucune forme ».

Mes calomniateurs assurément me font plus d'honneur que je ne croyais en mériter en me présentant comme l'auteur de l'heureuse révolution du 9 thermidor. Certes je ne devais pas m'attendre à partager d'une manière aussi directe la gloire de cette journée.

En effet, il est faux que j'aie jamais désigné ni à Robespierre, ni à aucun autre membre du gouvernement aucune victime. Quand j'ai connu des conspirateurs je les ai courageusement dénoncés au Comité de Salut Public et de Sûreté Générale et si la dénonciation civique est un crime, je déclare que je m'honore de l'avoir commis et que loin de m'en repentir je suis prêt à signer de mon sang l'aveu de mes forfaits. Mais que veulent donc dire les députés du département des Ardennes par cette étrange observation ? je ne puis le concevoir.

Il est vrai que deux mois avant mon arrestation, c'est-à-dire le 18 floréal, j'écrivis non pas à Robespierre, mais aux deux comités de Salut public et de Sûreté général que j'avais appris que deux individus suspects s'étaient procurés des emplois dans les bureaux du comité de Salut public. J'énonçai dans ma lettre les faits que j'avais à la charge de ces deux particuliers. Le représentant Levasseur, chargé de vérifier les inculpations sur les lieux, a trouvé que j'avais annoncé la vérité, en cela je ne vois aucun mal et je sçaurai toujours la proclamer malgré les calomnies, les cachots et les persécutions. Au surplus, quoiqu'en disent mes accusateurs, je n'ai jamais été l'agent de Robespierre ni d'aucun autre individu ; ceux qui me connaissent sçavent que j'ai un peu trop de fierté dans l'âme pour m'abaisser jusqu'à être l'agent de nos égaux. Je ne serais pas même l'agent des députés des Ardennes, ils le sçavent bien.

Maintenant que signifient l'extrait analitique qu'ils ont fait imprimer à la suite de leur infâme Libelle ? d'abord ils parlent d'un état des pièces et lettres envoyées le 17 floréal au Comité de Sûreté générale par l'agent national du district de Rheims. Eh bien ? ces pièces que mes ennemis n'avaient garde de publier et dont ils se sont contentés de faire des extraits mensongers et machiavéliques bien loin d'être contre moi, ont tellement convaincu le Comité de Sûreté générale que j'avais été opprimé dans la commune de Rheims, que comme je l'ai déjà dit, il ne s'est pas contenté de prononcer la mise en liberté et de me mettre sous sa sauvegarde par un arrêté du 20 floréal, mais qu'il a écrit le 23 au représentant du peuple Levasseur de *punir par l'arrestation* les auteurs de mon oppression dans la commune de Rheims.

« Mes accusateurs me reprochent d'avoir fait imprimer en 1789
« un pamphlet avec cette épigraphe : *Quod sensi pingo*, dans lequel
« je m'explique en termes peu modérés sur la vente des domaines
« nationaux, dans lequel j'ai publié des strophes à la monarchie et
« un sonnet à M. le comte de Mirabeau ».

Je réponds que cette brochure est un monument irréfragable qui attestera toujours que mon patriotisme ne date pas de 99 jours comme celui de tant d'autres qui oppriment aujourd'hui les vétérans de la liberté, mais que dès le commencement de la Révolution, j'en propageais les principes et j'en professais les maximes.

Il est faux que cette brochure contienne, je ne dis pas des strophes, mais un seul vers à la monarchie ; elle contient une ode très patriotique ayant pour titre : *Ode sur la Révolution de la France, dédiée à la Nation où je chante et la chute de la Bastille et le triomphe de la liberté sur le despotisme.*

Ce recueil patriotique contient aussi un discours que je prononçai lors de l'Assemblée générale des communes de la ci-devant principauté de Charleville pour la nomination d'un député à l'Assemblée constituante. Ce discours respire le patriotisme le plus épuré.

Il contient aussi des observations adressées, le 28 octobre 1789, au président de l'Assemblée nationale, non pas sur la vente des domaines nationaux comme l'on dit mes accusateurs, car il ne s'agissait pas alors de les vendre, mais seulement sur la simple question de propriété des biens ecclésiastiques, mais encore cette production n'est pas de moi comme il est évident par le style, les circonstances et les principes qui me caractérisent et comme le prouve encore un sonnet qui se trouve signé de moi dans ce recueil et que j'adressai à Mirabeau, alors l'homme du peuple, pour le féliciter de la double victoire qu'il venait de remporter sur la noblesse et sur le clergé, à l'occasion des sublimes décrets des 4 août et 2 novembre ; au surplus, les principes démocratiques que j'ai développés dans les divers morceaux qui m'appartiennent dans cette petite brochure m'ont valu dès lors les outrages et les persécutions de l'aristocratie, de la chicane et du royalisme.

« Ils m'imputent d'avoir dit dans un café, à Paris, que si je « pouvois avoir une mission pour le département des Ardennes j'en « ferais guillotiner la plus grande partie les regardant comme « contre-révolutionnaires. »

Cette inculpation aussi vague qu'absurde est une nouvelle imposture, je m'abstiendrai de toute autre réponse jusqu'à ce que mes calomniateurs ayent articulé les noms de ces prétendus individus qui m'ont entendu tenir le propos allégué. Je les défie de les produire et de me les mettre en face.

Ils m'imputent d'avoir refusé de loger des défenseurs de la Patrie, de m'être armé de pistolets pour les empêcher d'entrer.

C'est encore une atroce calomnie qui a été fabriquée contre moi le 26 may 1792 par des agens de l'infâme Condé et nommément par le conspirateur Routa, émigré, qui voulait me faire supporter les charges politiques à l'âge de 24 ans, à Charleville, où je n'avais point de domicile de droit puisque mon domicile était à Ville-sur-Lumes comme j'en ai les preuves authentiques et où j'ai non seulement logé et recueilli les défenseurs de la Patrie, mais où j'ai acquitté tous mes devoirs de citoyen et de patriote prononcé. Il est vrai que ce jour le conspirateur Routa et ses complices les agents de l'infâme Condé qui me persécutaient depuis plus de deux ans à cause de mon patriotisme, ont failli de me faire assassiner à la faveur d'une émeute populaire qu'ils avaient adroitement machinée contre moi et les deux volontaires que les conspirateurs avaient employés pour exécuter leur projet homicide auraient été les victimes de leur aveuglement si je n'avais écrit en leur faveur au ministre de la guerre une lettre dont j'ai encore la copie avec la réponse du ministre.

Mes ennemis rapportent un arrêté du département du 3 août 1792 qui m'enjoint de payer des contributions à Charleville pour les années 1790, 1791, 1792.

Cet arrêté est un acte oppressif et tyrannique qui n'a jamais été exécuté : 1° parce que j'étais mineur en ces années-là et que par conséquent je ne devais point supporter de charges publiques ; 2° parce que je n'avais point de domicile à Charleville mais à Ville-sur-Lumes où je fus nommé maire en 1792 et où je n'ai pas eu besoin des instigations de mes calomniateurs pour remplir mes devoirs et pour acquitter mes contributions dont je possède toutes les quittances en bonne forme.

Ils m'imputent d'avoir forcé le citoyen Legrand, cabaretier à Coucy, d'accepter une place de juge du district de Rethel, sous peine d'être mis en arrestation. C'est encore une autre calomnie. Je n'ai jamais vu ni connu le citoyen Legrand dont on parle, mais je me rappelle bien que lors de ma mission dans le district de Rethel, j'ai sollicité et obtenu du représentant du peuple Levasseur la liberté de ce citoyen et cela d'après le vœu unanime de tous les patriotes que j'avais appelés des diverses communes du district ; et s'il a été nommé juge, ce fut par le vœu unanime de tous les patriotes. Je n'y ai pris aucune part et j'ai encore bien moins menacé Legrand de l'arrestation puisqu'au contraire j'ai provoqué sa mise en liberté. Quelle lâcheté ! quelle perversité !

Je ne parlerai pas des autres calomnies qui peuvent rester dans le pamphlet parce qu'elles sont trop ridicules, trop absurdes pour mériter mon attention.

Je terminerai par une courte observation ; c'est que je m'honore que ce libellé atroce servira plutôt à faire connaître au peuple ses méprisables auteurs qu'à lui inspirer contre moi la même défaveur ; Le peuple me connaît, il connaît mes principes, ma conduite et les nombreux services que j'ai rendus à la révolution ! et on ne parvient plus facilement à le tromper sur ses vrais ennemis ; il sçait que ceux qui me calomnient aujourd'huy ont pris la défense de Capet, de Lafayette et de leurs complices et d'autres conspirateurs ; il sçait aussi que je n'ai jamais cessé de le servir avec fidélité, loyauté et désintéressement ; il sçait que je suis un sans-culotte incapable de le trahir et de le tromper ; mes ennemis ne parviendront jamais à m'enlever son estime et son amitié.

MOGUE.

XXV

A la citadelle, le 10 germinal l'an 3e de la République une et indivisible, les cinq heures du soir (1).

Au Commandant de la place de Sedan.
Mogue, salut.

Citoyen Commandant,

Je te préviens que deux jeunes canonniers qui étaient de garde ce matin et qui ont doublé leur garde à la citadelle, ne cessent et n'ont cessé depuis sept heures jusqu'à présent cinq heures, de me troubler, de m'outrager et de m'insulter à différents intervalles (au scandale des citoyens paisibles et de leurs camarades du poste) dans la bastille où je m'occupe en paix de l'étude des Belles lettres et de la Philosophie. Déjà les mêmes individus m'avaient insulté par des propos outrageants et séditieux il y a quelques mois, mais je n'avais pas cru devoir relever leur conduite à mon égard par égard pour l'égarement de leur jeunesse, mais ce qui s'est passé à Sedan au mépris des loix et des droits sacrés de l'homme, ne me permet pas de garder le silence ; je t'invite donc à te faire rendre compte des faits par l'officier ou le chef de poste, et je te déclare, qu'étant chargé de la surveillance de ma bastille, les loix et surtout la dernière loi de grande police que la Convention a rendue le premier courant pour le maintien du respect des personnes et des propriétés, et pour la garantie de la liberté individuelle et du gouvernement républicain, te rendent responsables des violences et des attentats qui pourraient avoir lieu contre ma personne. Si ces deux jeunes étourdis qui sont désavoués par leurs camarades, et à qui tu feras donner un avertissement fraternel, avaient de l'humanité et de la délicatesse, ils respecteraient au moins le malheur et la vertu opprimés, au lieu de troubler la tranquillité dans laquelle j'attends depuis si longtemps la justice qui m'est due. Ton devoir t'imposera l'obligation de pré-

(1) 30 mars 1795.

venir désormais les attentats que les circonstances m'ont seules forcé à te révéler. Un jour, ceux qui ont la petitesse de m'insulter dans l'excès de leur égarement, seront affligés d'avoir cherché à augmenter l'amertume de ma persécution, lorsque le soleil de la vérité, qui s'est éclipsé, reparaîtra sur l'horizon et aura dissipé ce tourbillon d'impostures que le royalisme, la calomnie et la scélératesse se sont plu à amonceler contre moi, et ce moment, je crois n'est pas éloigné.

Salut et républicanisme inaltérable.

MOGUE,

Propagateur des droits de l'homme.

XXVI (1)

De Sedan, le 16 germinal, l'an 3 (2).

Le propagateur des droits de l'homme, à la Convention et aux Comités de Législation et des finances réunis.

Citoyens représentans,

Je n'ai dans ma famille ni émigré, ni condamné dont les biens soient confisqués au profit de la République. Je ne consulte d'autre intérêt que celui de la Patrie que je défendrai jusqu'à mon dernier soupir. Je trahirais la République si je ne me hâtais de vous communiquer mes allarmes par les effets que produit dans l'opinion publique le décret du 30 ventôse dernier qui suspend la vente des biens des condamnés et qui vous charge d'examiner la question de sçavoir si ceux invendus jusqu'à ce jour seront restitués à leur famille.

La Convention Nationale veut la démocratie, mais elle se laisse parfois tromper par les dehors imposteurs d'une foule de royalistes, de coquins et d'intrigans masqués en patriotes qui se sont réfugiés dans Paris et qui font le siège du lieu de ses séances. Nous qui ne sommes point dans la mêlée, nous jugeons plus sûrement le but des manœuvres et des évolutions perfides des aristocrates, des monarchistes et des égoïstes. Aussi je n'hésite pas de vous déclarer avec tous les patriotes du 14 juillet et du 10 août, que je considère ce

(1) 5 avril 1795.

(2) Le récépissé suivant accompagne l'original :

N° 6992	(De la main de Mogue.)
Chargement fait au Bureau des Postes de Sedan, le 17 germinal (*a*), l'an 3e de la République française, une et indivisible. Ce Bulletin doit être gardé par l'envoyeur, pour faciliter les recherches en cas de réclamation.	Envoi de pétitions à la Convention, l'une contre le décret du 30 ventôse, suspensif de la vente des biens des condamnés ; l'autre pour demander que le gouvernement surveille la culture en abondance, surtout de l'orage.

(*a*) 6 avril 1795.

décret, sans doute surpris à la sensibilité de la Convention Nationale, comme un bélier qui bat les remparts de la démocratie, comme une pièce de quarante-huit qui ébranle et qui frappe les colonnes du Temple et de la Liberté. Il est attentatoire aux principes de notre législation et surtout à ceux de l'institution des Jurés auxquels il déclare la guerre ; il rehausse l'audace et ranime l'espoir des traîtres amnistiés ; il donne à la réaction qu'éprouve l'esprit public, depuis le 9 thermidor une activité allarmante pour les démocrates impassibles ; il imprime sur les opérations de la Représentation nationale le cachet de la versatilité et de la défiance publique, il porte un nouveau coup au crédit national déjà ébranlé par le choc tumultueux de l'opinion, il paralyse l'énergie des phalanges républicaines, il laisse entrevoir aux conspirateurs et à tous les ennemis conjurés de la Patrie, l'espoir de l'impunité de leurs complots populicides ; il aurait les inquiétudes et les craintes des acquéreurs de propriétés nationales et de tous les patriotes sincères et incorruptibles.

Citoyens Mandataires,

Que ne puissiez-vous voir le tableau de ce qui se passe dans le département des Ardennes ; vous verriez d'une part les royalistes, les aristocrates, les fayetistes et tous les hommes nuls et justement suspects rendus à la liberté et levant une tête audacieuse et menaçante ; vous y verriez dans les cachots, ou proscrits et errans de commune en commune des sans culottes, des patriotes énergiques qui n'ont cessé de servir la cause de la démocratie et dont le seul crime est d'avoir été membre d'une Société populaire ou d'une autorité constituée avant le 9 thermidor. Vous y verriez le peuple en proie à une disette perfidement factice, parcourir les campagnes, pour procurer quelque peu de la nourriture réservée aux animaux les plus immondes. En un mot, citoyens, cessez d'administrer la chose publique d'après les opinions exagérées et furibondes des quelques intrigans millicolores d'après les déclamations incendiaires de certains journaux évidemment stipendiés par l'or de l'Espagne et de l'Angleterre ; enfin, d'après les sollicitations serviles de l'intérêt personnel et de l'aristocratie déguisée en patriotisme, c'est à mon sens le seul moyen de sauver la Patrie qui est sur le bord de l'abîme.

Je demande donc que la Convention nationale se hâte de raporter son décret du 30 ventôse, qu'elle ordonne aux administrations de district de reprendre et de continuer la vente des domaines nationaux et sans distinction de ceux provenans des émigrés, des déportés, ou des condamnés ; qu'elle comprime le royalisme insolent et conspirateur, qu'elle éclaire l'ignorance, qu'elle surveille activement le fanatisme incendiaire, qu'elle protège les patriotes et tous les artisans de la Révolution, qu'elle punisse les coquins et les traîtres et pardonne à l'erreur et à l'égarement qui sont les suites d'une grande révolution et la Patrie est encore une fois sauvée.

MOGUE.

XXVII

De la Citadelle de Sedan, le 19 germinal, de l'an 5 de la République une et indivisible (1).

Mogue, propagateur des Droits de l'Homme, opprimé, à Dauchy, officier municipal à Ville-sur-Lumes, salut.

Frère et Ami,

Le citoyen... (2) d'Issancourt (3) vient de venir me trouver dans ma solitude pour m'inviter à lui donner une autorisation afin de partager avec ma sœur cadette, les bêtes à laine que nous avons en commun et à disposer de la portion qui lui échoirrait par le partage. Je lui ai répondu que tant que ma liberté ne me serait pas rendue, je ne pouvais contracter aucun engagement et que ceux que je pourrais faire seraient absolument nuls à moins que je ne les confirmasse après ma persécution. Je lui ai répondu encore que je ne voulais et ne pouvais faire aucun marché, dans ce moment, pour des raisons légitimes et raisonnables.

Il m'a appris que Lambert et Catherine se disposaient à quitter cette ville pour aller demeurer à Sugny (4), duché de Bouillon, pays de son mari ; cette nouvelle dont m'avait déjà parlé Isler, lors de son dernier voyage à Sedan, a lieu de m'étonner et j'avais chargé ce dernier de dire à Catherine de ma part de ne point quitter Ville, au nom de son intérêt et au nom de la loi ; il paraît qu'Isler a gardé le silence puisqu'elle semble persister dans ce dessein. Je te charge donc de lui dire qu'elle ne peut ni doit aucunement songer à quitter Ville-sur-Lumes sans compromettre sa sûreté et sa propriété, et si au moment de la réception de ma lettre elle était partie, tu lui feras savoir de revenir sur-le-champ à Lumes, tu n'ignores pas que Bouillon ne fait pas partie du territoire français et quoi qu'il soit un

(1) 8 avril 1795.
(2) Le nom est en blanc sur l'original.
(3) Commune du canton de Mézières.
(4) Petit village belge sur la frontière française.

pays neutre et allié de la République française, il n'en est pas moins étranger, tu ne peux comme officier municipal donner aucun bon ou permis d'y transporter aucun meubles, effets, bestiaux ou subsistances, tu dois, au contraire, et la loi t'en fait une obligation indispensable, dissiper l'ignorance et l'égarement de Catherine à ce sujet. Il est étonnant qu'Isler ne lui ait pas fait part de mes intentions comme je l'en avais chargé. C'est à toi que je m'en raporte pour remédier à cet inconvénient.

Tous les jours je compte sur l'obtention de ma liberté que je n'aurais jamais dû perdre ; mais, en attendant ce moment, il faut que je vive et pour cela il est nécessaire que je me procure des subsistances ; car, à Sedan, la disette devient de jour en jour plus affreuse ; malgré l'abondance de la récolte, le produit des conquêtes inouïes de nos armées, de nos prises maritimes et de nos achats chez les peuples étrangers qui ne sont point en guerre avec la France, on ne voit plus de subsistance et, certes, il y en a cependant plus qu'il n'en faut pour atteindre la moisson prochaine, mais leur disparition tient à ce qui se passe dans l'intérieur de la République ; cet état ne peut durer ; le salut du peuple tient au prompt triomphe de la masse respectable des Sans-Culottes sur quelques centaines de nobles, de prêtres, de procureurs et de millionnaires égoïstes, conjurés contre le peuple français, depuis qu'ils ont été rendus à la liberté que les patriotes ont perdue.

Tu chargeras ma sœur ainée, aussitôt la réception de ma lettre de me faire moudre deux cartels de grain, d'en conserver la farine et de m'en faire deux pains vers le vingt-six du mois courant, de me les envoyer, avec le reste de la farine, vers la fin du présent mois germinal, à moins qu'à cette époque je n'aie donné de mes nouvelles, soit par ma présence, soit par lettre. Tu lui recommanderas d'envelopper le pain un peu plus proprement que le dernier ; car il était plein de foin qui s'était glissé entre *la croûte et la mie* ; j'ai tout lieu de croire que c'est le dernier voyage qu'on fera ici pour m'apporter des subsistances sans lesquelles je périrais d'inanition. C'est à toi, mon ami, à entretenir le courage et la confiance parmi le peuple qu'on persécute si horriblement ; je suis persuadé que tu ne négliges pas cet auguste et sublime ministère. Je t'embrasse ainsi que ton épouse et les bons citoyens dont je partage les peines et les besoins pressans.

MOGUE.

XXVIII (1)

Mogue à la municipalité de Sedan, salut.

CITOYENS, OFFICIERS MUNICIPAUX,

Je vous préviens que je viens d'être menacé par deux ou trois citoyens, à travers la porte de ma prison, d'être massacré et jetté par la fenêtre de ma Bastille; ils ont débuté par me faire passer par dessous la porte un journal intitulé *pertel*, dont l'intitulé annonce l'arrestation de Thuriot, Levasseur, etc. Je leur ai répondu que Thuriot, Collot d'Herbois, Billaud-Varennes, Barrère, etc., étaient ceux mêmes qui m'avaient fait arrêter sans motif. Ils m'ont aussi appelé *buveur de sang*, quoique je n'en aie jamais versé une seule goutte et ces propos, d'accord avec les bruits sourds que j'avais déjà entendus, semblent qu'il y a des soupçons que j'aie pris part à la dénonciation des membres de la commune de Sedan qui ont été jugés par le tribunal révolutionnaire tandis qu'il est de fait que j'étais moi-même persécuté à cette époque et que je me suis trouvé à la Belle Tour de Rheims avec plusieurs de ceux qui ont partagé leur sort et nommement Blay, Deshayes, Chanzy, Bourgeois, Namund, Dessault, etc. (2), tous ces faits, citoyens, sont prouvés par l'ordre de mon arrestation qui se trouve à la municipalité et par les cinq pièces ci-jointes, que je vous envoy sous les nos 1, 2, 3, 4 et 5. Je vous invite donc à prendre les mesures de sagesse et de prudence qui doivent garantir ma sûreté, le respect dû aux lois et aux malheureux qu'on persécute. Vous verrez par la pièce numérotée Ier

(1) Le récépissé ci-dessous est joint à l'original :
Reçu une pétition d'un détenu du 29 germinal.
Baudesson.

(De la main de Mogue) :
No . — Ce reçu est celui d'une pétition par moi adressée ce jourd'huy et portée par ... canonier au Conseil général de la commune, relative aux outrages et aux menaces séditieux des femmes et de plusieurs quidams ayant parmi eux le nommé Hamand, jeune canonier.

(2) Jean-Baptiste Blay, cultivateur, né à Wadelincourt, près Sedan; Deshayes (E.), homme de loi, né et domicilié à Rethel; Chanzy (J.), cultivateur, né à Mandres; Bourgeois (J.-B.-A.), juge des traites foraines pour le dépôt des sels, né et domicilié à Mé-

quel est le dénonciateur de ces citoyens, que jamais je n'ai ni vus ni connus ; et certes il n'a jamais été dans mon caractère d'accuser des citoyens que je ne connaissais pas et jamais-je n'ai provoqué ni le jugement ni la persécution contre un seul français innocent. Si j'avais été d'un autre caractère peut être n'aurais je pas moi-même été si violemment persécuté, car c'est la troisième fois que je suis arbitrairement arrêté par l'ordre des mêmes hommes que l'indignation publique poursuit dans ce moment. J'ai cru, citoyens magistrats, vous donner ces détails afin que vous détrompiez les citoyens qui pourraient avoir été égarés sur mon compte et que vous préveniez tout désordre et tout acte de violence défendus par les loix et notamment par le décret du deux germinal présent mois, relatif à la grande police, au maintien et à la sûreté des personnes et des propriétés et du gouvernement républicain.

Je m'en rapporte à votre sagesse et à vos devoirs.

MOGUE.

P.-S. — Le 20 germinal, les mêmes femmes sont encore revenues à ma porte et y sont restées environ un quart d'heure après m'avoir interpellé et n'avoir obtenu que le plus profond silence de ma part ; mais soit qu'elles ayent été contenues par la présence des canoniers du poste, soit que ce ne fut pas les mêmes furies qu'hier, elles n'ont tenu aucun discours séditieux ni même sanguinaire. J'en ai fait part au Conseil général par une pétition très détaillée. Les mêmes furies et deux à trois bandits qui les accompagnaient, sont encore revenus à ma porte le 21 germinal entre midi et une heure ; ils y ont continué les propos séditieux et les menaces d'assassinats des jours antérieurs ; l'un des coquins a osé me dire : me reconnais-tu bien? Je suis un de ceux qui t'ont conduit hors de la ville le jour qu'on t'a voulu couper la tête (c'est la nuit du 7 au 8 juillet) l'an 1793 (s. v.).

zières ; Namur (P.), laboureur, né et domicilié à Lucquy ; Dessault (H.), né à Biermes, cultivateur domicilié à Montlaurent, étaient membres du Conseil général des Ardennes au 10 août ; ils furent impliqués dans l'affaire de la municipalité de Sedan, arrêtés et incarcérés ; traduits devant le tribunal révolutionnaire, ils furent condamnés à la peine de mort par jugement du 19 prairial an II. L'etc. doit comprendre les autres administrateurs, qui furent condamnés dans les mêmes circonstances et à la même peine : Boucher (N.-P.), notaire, né et domicilié à Buzancy ; Grommer (J.-S.), notaire, né et domicilié à Chémery ; Legrand (J.), né et domicilié à Bouvellemont ; Lemaire (J.-J.), maître de forges et cultivateur, né à Sainte-Ménehould et domicilié à Champigneulles ; Gérard (C.-J.-R.), procureur du roi à l'ancienne maîtrise des eaux et forêts de Sedan, né à Mouzon ; Gérard (M.-C.-J.), homme de loi, né à Mouzon.

Ces individus furibonds et à coup sûr salariés s'efforçaient de regarder au-dessous et à travers les fentes des portes de ma Bastille et ayant aperçu mon grabat et un peu de feu ils s'en formalisèrent et dire qu'il ne fallait ne me laisser entrer ni pain, ni subsistances aucunes ; puis, en me menaçant des effets de leur fureur, ils m'annonçaient qu'on allait m'en foutre bientôt : que j'allait être conduit à Mézières et que je ne leur échapperais pas. Puis, ils me parlèrent encore de l'arrestation du député Levasseur, mon ancien commettant. En m'annonçant qu'on allait l'amener dans ce département... Enfin, après avoir invité ces furieux à respecter les loix, le malheur et la justice, ils se sont décidés à partir et se sont encore arrêtés sous ma fenêtre où ils se sont livrées à toute sorte d'outrages et de menaces, jusqu'à rassemblée une bande de sept à huit innocens et à leur faire crier contre moi toutes sortes d'injures... Enfin, ces individus des deux sexes habitent tous le fauxbourg du Mesnil où ils se sont rendus après ces faits et d'où ils sont revenus une heure à peu près. Ensuite, retournant à la ville par la chaussée, je les crois employés dans quelque manufacture ci-devant Royale dont les chefs les font agir et les conseillent d'agir par l'appas de quelque somme et de quelques promesses... tout cela s'éclaircira.

XXIX (1)

A la Citadelle de Sedan, le 21 germinal l'an 3e de la République démocratique, une et indivisible (2).

Mogue, commissaire national, lors de son arrestation, près le Tribunal du district de Sedan, à la Convention et au Comité de Sûreté générale.

Citoyens Représentans,

C'était trop peu, sans doute, d'avoir donné tout mon tems, toutes mes pensées, toutes mes actions, d'avoir sacrifié ma santé robuste et ma chétive fortune à la cause de la Révolution ; c'était trop peu d'en avoir constamment propagé les principes et professé les maximes, non pas seulement depuis, mais plus de quatre ans avant son origine ; c'était trop peu d'avoir combattu, aux avant-postes, dans l'arène de la liberté contre le despotisme et la tyrannie, aux époques fameuses du 14 juillet, du 10 août, du 21 janvier et même du 9 thermidor ; c'était trop peu d'avoir été persécuté, embastillé, proscrit et par les sbires du despotisme royal et par les agents féroces de la tyrannie décemvirale ; c'était trop peu d'avoir purgé le territoire de mon département de la présence méphitique et corrosive des émigrés, des fabricateurs, distributeurs de faux assignats, des prêtres réfractaires, des traîtres Lafayette, Custine et de plusieurs généraux complices de Dumouriez ; c'était trop peu d'avoir concourru à soustraire aux griffes de l'aigle autrichien, les places importantes de Maubeuge, Philippeville, Givet et Charlemont (3), que la trahison de cet infâme allait livrer à sa voracité qui déjà dévorait Namur et les autres postes du ci-devant pays de Liège et de la Belgique ; c'était trop peu d'avoir fait les expéditions

(1) L'original porte la mention suivante : Adresse en deux exemplaires par l'intermédiaire du citoyen Coupé (de l'Oise), député et du patriote Durand, rue Beaubourg. 68, à Paris.

(2) 10 avril 1795.

(3) Forteresse importante bâtie sur un rocher à 215 mètres d'altitude sur le territoire de la ville de Givet

importantes des abbayes de Florennes, Couvin et l'Hermitage et d'avoir, par ces exploits, procuré à la Patrie, outre des subsistances abondantes, un riche mobilier, un superbe et nombreux bétail, l'assurance d'un revenu annuel de plus de 50.000 écus.

C'était trop peu d'avoir obtenu et justifié la confiance et l'estime de douze représentans qui se sont succédés dans les Ardennes et dans les contrées de l'Ouest, pour les missions les plus périlleuses ; c'était trop peu d'avoir propagé, professé et mis en pratique, dans les départemens de l'Ouest, les principes éternels de la raison, de la justice et de la philantropie ; c'était trop peu d'y avoir répandu à torrent, au prix de mon repos et de ma sûreté personnel, la lumière et le républicanisme, au lieu d'y semer la terreur par la violence, et d'y fomenter la révolte par la persécution. C'était trop peu d'avoir été proscrit par les meneurs de l'ancien Comité de Salut public, pour le seul prix de mes veilles, de mes efforts et de mes sacrifices : c'était trop peu de n'avoir échappé aux atteintes réitérées de leurs satellites, qu'en opposant à leur férocité le bouclier d'une sauve-garde.

C'était trop peu d'avoir réuni depuis trois ans que mon âge m'a permis la jouissance de mes droits politiques, les suffrages successifs et réitérés des citoyens de mon canton et de ma commune champêtre pour les fonctions honorables de secrétaire, d'officier public et municipal : c'était trop peu d'avoir constamment défendu le peuple et son indépendance, par mes écrits, mes discours, mes actions et mon exemple ; c'était trop peu enfin d'avoir épuisé le patrimoine de mes ancêtres pour servir la Révolution ; de n'avoir pas encore touché, je ne dis pas le traitement et les indemnités qui m'appartiennent, mais le remboursement d'une partie même de mes avances. Oui, c'était trop peu, ni mes nombreux services, ni l'intégrité de ma conduite, ni mon dévouement sans bornes, ni mes sacrifices ne pouvaient donc me garantir d'une nouvelle persécution.

Ainsi, le 18 thermidor, je vis arracher, sous un titre que je n'ai jamais eu, à mes fonctions et à mes paisibles foyers, par les exécuteurs d'un nouvel ordre arbitraire dont je ne puis attribuer l'existence qu'aux sollicitations, qu'aux manœuvres sourdes de l'intrigue, de la vengeance et de la tyrannie de mes oppresseurs, de mes anciens bourreaux et qu'à la passion de quelques hommes dont le salut de mon pays m'a fait un devoir de combattre les opinions et la conduite liberticide. En vain j'ai sollicité plus de vingt fois les prétendus motifs de cette lettre de cachet ; en vain j'ai provoqué plus de vingt fois, sur toutes mes actions publiques et privées, l'examen le plus sévère d'une justice impartiale ; je n'ai point été écouté, je n'ai rien obtenu. Cependant, mes plus grands ennemis ne paraîtraient pas devant moi sans pâlir et je leur porte le défi de produire contre moi, depuis six ans, une seule preuve positive et admissible, d'une seule vexation, d'une injustice, d'un acte arbitraire, d'une seule action digne de blâme. Loin de moi tout reproche à cet égard. Je m'honore d'avoir soustrait plus de cinquante patriotes à l'échafaud ; d'avoir fait briser les fers de près de deux cents et de n'avoir jamais attenté ni à la liberté ni à la sûreté d'un seul républicain. Je m'honore d'être encore une fois la victime innocente de la persécution et des passions les plus abjectes. Il est glorieux, je le sais, de souffrir pour la Patrie et je suis prêt à verser, s'il le faut, le reste du sang qui circule dans mes veines pour concourir au salut de la Patrie et à l'affermissement du gouvernement démocratique.

Je joins ici la copie de l'ordre tyrannique sous lequel je gémis depuis plus de huit mois et je demande pour la vingtième fois à être entendu et jugé, à être puni sévèrement si mes ennemis peuvent me convaincre d'un seul délit politique ; me rendre à mes foyers et à la confiance de mes concitoyens, s'il est évident que je suis encore une fois opprimé.

MOGUE,

Citoyen du hameau de Ville-sur-Lumes, canton rural de Mézières,
Fils et petit-fils de laboureur.

ANNEXES

I

Notes de mes déboursés pour lait, bois et remèdes chez l'apothicaire dans ma maladie au cachot de la citadelle de Sedan.

Pour lait depuis le 18 thermidor jusqu'à ce jourd'huy 22 nivôse de l'an 3e républicain à raison de cinq sols par chaque jour, faisant cent cinquante-sept jours, la somme de trente-neuf livres, dix sols, cy. 39 10

Pour tisanne, viande pour médecine et la médecine sur la fin du mois fructidor, cy.. 9 15

Pour neuf livres d'orge perlé dont j'ai pris chaque jour une pinte de boisson jusqu'à cejourd'huy, à raison de huit francs la livre et les deux dernières livres à raison de dix livres chacune, la somme de soixante-seize livres, cy.. 76 »

Pour neuf carafons du remède qui m'a été prescrit par le médecin à raison de cent dix sols chaque carafon, pris chez l'apothicaire qui est sur la grand'place de Sedan, cy 49 10

Pour une boëte de boules purgatives pris chez Varroquier, pharmacien, sur la fin de thermidor, six livres, cy.................. 6 »

Plus une livre de rapure de Gayac pour une boisson sudorifique, cy............ .... 15 »

Plus en différentes fois pour du bois de réglisse, cy.......... 6 10

Plus pour bûches et fagots que j'ai brûlés jusqu'à ce jour 22 nivôse, sçavoir : quarante-neuf fagots à raison de trente sols les deux, pour vingt et de trente-cinq sols les deux pour les vingt-neuf autres, cy. 39 19

Plus pour une charrette de bois et une autre fois des bûches achetés sur la place cy .... 19 »

J'ai payé pour blanchissage jusqu'à ce jour, en trois fois différentes, quatre livres quinze sols, cy.................................. 4 15

Pour le papier que j'ai employé à faire les nombreux mémoires, pétitions et lettres que j'ai adressés à la Convention, à ses Comités de Salut Public, de Sûreté générale et à un certain nombre de Représentant du peuple, en sept fois différentes jusqu'à ce jour, sçavoir : six cahiers de papier de compte, quatre mains de grand, fort et beau papier de Hollande, et aussi quatre mains de papier d'écolier commun, à raison de trente sols le cahier du premier, de cinquante du second et de vingts sols du 3e, cy.. 13 »

Plus un paquet de plumes calendrées, quarante sols, cy..... 2 »

Plus pour deux bouteilles d'encre cachetées, quatre livres, cy. 4 »

Plus pour six bâtons de cire à cachetez à raison de vingt sols le bâton, cy .... 6 »

Plus pour vingt-cinq sols de poudre à sécher l'écriture, cy.. 1 25

Plus outre ma pension alimentaire que me fournit le citoyen Winmer, de Sedan, pour pain acheté au boulanger (attendu que ma pension ne s'étend qu'à mon dîner et à mon souper) en quatorze fois différentes jusqu'à ce jour, à raison de vingt-cinq sols chacune, cy....... 17 10

Plus j'ai payé en deux fois jusqu'à ce jour pour mon abonnement au journal intitulé le *Républicain français* qui coûte 72 fr. par an pour les départements, y compris l'affranchissement des lettres d'envois, trente sept livres dix sols pour six mois, cy................. 37 10

II

Liste des Sans-Culottes des deux sexes qui ont visité Mogue dans sa captivité à la citadelle de Sedan

Sçavoir :

La citoyenne épouse de Barthélemy* (1).
La citoyenne La Clef, de la Rochette.
La citoyenne Godfrin, maçon au fond de Givonne.
Bauduin, municipal et Jacobin*,
Michel, Jacobin*.
Barthélemy, Jacobin*.
Lefranc, Jacobin *.
Vinmer fils, Jacobin*.
Millard, municipal*.
Fleur d'Epine, canonnier.
Carré, imprimeur et notable*.
Galicet, commis au district.
Mitteaux, membre du Comité*.
Fignières père, officier de la Garde nationale*.
Fignières fils, membre du Comité.
La citoyenne Durège*,
Sa sœur*.
La citoyenne Colin et sa petite fille,
La citoyenne Dufrène.
Boucher l'aîné*.
Boucher, le jeune*.
Vinmer père
Loëtier.
Verrierey.
Durège, jacobin.
La citoyenne Noël.
La citoyenne Darbour.
Crepel, jacobin.
La Chapelle, municipal, jacobin*.
Jacquet-Lardenois, jacobin*.
Goury, attaché au génie.
Colinet, notable et jacobin ;
Vesseron, jacobin.
Sarzacq, jacobin.
Elisabeth Marc.
La citoyenne Fignières-Floquet.
Fignières, jacobin et concierge.
Marie-Thérèse Prévost.
Elisabeth Aubry, jacobine.
Marie Roque, jacobine.
Jannette Jadot, jacobine.
La citoyenne Valentin.
L'Enfant, commissaire des guerres et jacobin*.
Willaume, jacobin et cordonnier*.
La citoyenne Warroquier ;
La citoyenne Vinmer.
Miget, l'aîné, jacobin.
Miget, le jeune, jacobin.
Gaulcher, adjoint au général, jacobin.
Jubary, tondeur.
Pate, jacobin, inspecteur d'artillerie.
Noël, lieutenant des chasseurs de la Meuse, jacobin.
Atte, officier d'artillerie, jacobin.
Buquet, officier d'artillerie, jacobin.
Monpin, officier d'artillerie, jacobin.
Libecq, officier d'artillerie, jacobin.
Catherine Poulet, jacobine.
La républicaine Marc jeune, jacobine.
Marie-Anne Jubarry, jacobine.
Catherine Aubry, jacobine.
Catherine Dupont, jacobine.
Fiévet père, jacobin.
Thérèse Fontaine*.
La citoyenne Denis, teinturier.
La citoyenne Roze, culotière.
La citoyenne Lallemant, menuisier.
Colin-Sutaine*.

(1) Les noms suivis du signe * sont marqués sur l'original par une croix à l'encre noire sans explication.

III

Compte des dépenses de Mogue pendant son séjour dans la citadelle de Sedan

Le 11 fructidor, j'ai donné à la concierge pour du lait cent sols, cy...	5	»
Depuis 5 sols, cy	5	»
Depuis	1	10
Le 19 vendémiaire, j'ai donné	2	10
Le 29 vendémiaire, j'ai rendu 10 sols qui, avec 5 redus par le concierge, font cy	»	15
Le 5 brumaire, rendu cy	1	10
J'ay rendu le 16 brumaire cy	»	15
Le 19 brumaire j'ai rendu	2	10
Le 28 brumaire	2	10
Le 8 frimaire j'ai rendu	2	»
Le 17 frimaire rendu cy	2	10
J'ai rendu le 27 frimaire	2	»
Le 7 nivôse, j'ai rendu cy	»	10
Le 9 nivôse, j'ai rendu vingt-cinq s	1	05
Le 17 nivôse, j'ai rendu vingt-cinq s	1	»
Le 25 nivôse, j'ai rendu vingt-cinq s	1	»
Le 23 nivôse, pour deux fagots	1	10
Le 25 nivôse, pour deux fagots	1	10
Le 26 nivôse, pour du pain cy	1	05
Le 26 nivôse, pour deux fagots	1	10
Le dit jour pour lait pendant 10 jours	2	10
Le 27 pour trois fagots, cy	2	10
Le 28 pour un fromage de marole, du bois de réglisse, d'une demi livre de chandelles	5	»
Le 1er pluviôse pour un fromage de marole	1	10
Le 1er pluviôse pour un pot à faire bouillir une soupe	1	10
Le 30 nivôse pour une livre de beurre	3	10
Le dit jour pour 2 fagots, cy	1	10
Le 2 pluviôse pour 2 fagots, cy	1	10
Le dit jour pour 20 sols de pain	1	»
Le 4 pluviôse pour 2 livres de bœuf et vingt sols de légumes...	4	»
Le même jour pour un pain de huit livres	2	05
Le 5e pour deux fagots, cy	1	15
Le même jour donné à ma blanchisseuse	2	15
Le 4 pluviôse payé pour une bouteille de vin bue par mes beaux-frères qui sont venus m'apporter des secours	2	»
Le 6 pluviôse pour deux fagots, cy	1	15
Le 7 pluviôse pour du pain, cy	1	»
Le 8 pour deux fagots, cy	1	10
Le décadi id. pour un fromage, cy	1	15
Le dit jour pour de la réglisse, cy	1	10

Le 3 pluviôse pour une soupière de fayence	1	10
Le 11 pour du bois en bûches et fagots, cy	10	»
Le 12 pour deux livres de bœuf et un panier de légumes, cy	5	»
Le même jour pour du pain	»	10
Le 12 pluviôse pour du lait à commencer au six inclusivement, cy	3	»
Le 13e pour du pain, cy	1	05
Le 14e pour un fromage de Marole, cy	1	10
Le 15e pour une livre de beurre, cy	3	05
Le même jour pour un panier de légumes	1	»
Le 17 idem pour pain, cy	1	10
Le 19 idem du lait, cy	2	10
Le 20 pluviôse an 3e j'ai donné en présence de la citoyenne Nivoix, concierge et de trois canoniers du poste commandés par... à Wuillaume, cordonnier, quinze livres pour me faire une paire d'escarpins cy	15	»
Plus pour une main de papier ordinaire cy	1	»
Plus le 19 pluviôse pour deux livres de bœuf, un panier de légumes et de la réglisse, cy	6	»
Plus pour porter un paquet à la poste de Donchery par W..e, à l'adresse du président de la Convention, cy	3	»
Le 22 pluviôse, pour deux livres de viande, cy	3	10
Le 22 pluviôse, pour légumes, cy	1	05
Le 23 pluviôse, pour un fromage, cy	1	10
Le 24 pluviôse, pour un fagot, cy	1	15
Le 25 pluviôse, pour blanchissage de mes linges, cy	4	15
Le 26 pluviôse, pour une livre de bœuf, cy	3	10
Plus pour un panier de légumes, cy	1	5
Le 28 pluviôse pour deux fagots, cy	1	10
Le 25 pluviôse, pour port de lettre de Lambert et le port de celle que j'ai écrite à mon journaliste, cy	1	»
Le 27 pluviôse, pour pain au boulanger, cy	1	5
Le 27 pluviôse, pour un panier de légumes, cy	1	5
Le 29 pluviôse, pour une livre de sel, cy	1	5
Pour un panier de légumes, cy	1	10
Le même jour, pour six fagots, cy	4	10
Le même jour, pour viande salée, cy	4	15
Le même jour pour lait à commencer demain cy	2	»
Le 2 ventôse pour viande et légumes cy	5	»
Le 2 ventôse pour une écuelle de fayence cassée par Mouchiey cy	1	10
Le 4 ventôse pour cinq fagots cy	5	»
Le 4 ventôse pour une chandelle de suif cy	1	»
Le même jour pour un fromage cy	1	10
Le même jour pour un panier de légumes cy	1	10
Le 7, pour deux livres de pain et un panier de légumes, cy	2	15
Le 7, pour lait à commencer demain cy	1	10
Le 9, pour une livre de beurre, cy	3	5
Le même jour, pour un quarteron de sucre qui m'était prescrit pour prendre le baume de copahu ordonné par mon médecin, cy	2	10
Le même jour, pour un fromage de maroles, cy	1	15

Le 12, pour quatre fagots à 20 sols la pièce y compris 10 sols pour le porteur, cy 4 10
Le dit jour pour légumes cy 1 10
Le 13, à commencer demain pour lait, cy 1 10
Plus le même jour, à un meunier qui a moulu un quartel et demi de blés, cy 0 15
Le 14 ventôse, pour une charge de bourrique de bois, cy . . . . . . 4 »
Le même jour, un panier de pomme de terre, cy 1 10
Le même jour, pour une livre de beurre, ci 3 5
Le 15, j'ai donné pour deux pintes de lait pour aujourd'huy et demain, cy . . . . . . 1 »
Le 17, j'ai donné à la républicaine Colin pour du lait de la campagne pour trois jours cy 1 10
Le 19, j'ai donné à la petite Colin, pour du lait, 20 sols qui, avec les 10 qui lui restent, font . . . . . . 1 »
Ledit, j'ai donné à un perruquier, cy . . . . . . » 15
Le 20, j'ai donné pour lait à commencer ce jour . . . . . . 1 »
Le 21, pour deux livres de bœuf et un panier de légumes . . . . . . 5 »
Le 22, pour une pinte de lait qui me fut apportée de Glaires, cy » 10
Le 23, pour une pinte de lait de la campagne apporté par le frère de la citoyenne Galicet . . . . . . » 10
Le 22 ventôse, pour le départ d'une lettre, cy . . . . . . » 5
Ledit jour, j'ai donné à la concierge, pour lait à commencer demain, cy . . . . . . » 15
Le 24 dudit, pour quatre fagots et le port . . . . . . 5 »
Ledit jour, pour raccommodage de mon couteau . . . . . . 1 »
Le 26, pour une chandelle, cy . . . . . . » 15
Ledit jour, pour une livre de beurre 3 10
Le 26, pour lait pendant six jours, à commencer le 27 . . . . . . 2 »
Le décadi, pour un cahier de papier de compte . . . . . . 1 »
Le même, pour un bâton de cire à cacheter 1 05
Le 4 germinal, pour bois, cy 4 15
Le même jour, pour une livre de beurre, cy 3 10
Le 8 germinal, pour lait pendant huit jour, à commencer le 5 courant, cy . . . . . . 2 »
Ledit jour, pour une livre de beurre, des oignons, une livre de sel, cy 6 10
Le 10 dudit mois, pour le rapport de Saladin sur Collot, Billaud, Barrère, Vadier, port compris, cy 7 05
Le 15 germinal, pour lait, à commencer le 13, cy . . . . . . 2 »
Le 19 germinal, pour un échec de fil noir et une demi-aulne de ganse noire pour attacher mon chapeau, cy 1 10
Le 21 dudit, pour deux royes d'oignons, cy . . . . . . 3 »
Le même jour, pour dix-huit pommes de terre, cy 1 10
Ledit jour, pour du bois, cy . . . . . . 5 »
Le 22, pour une livre de beurre, cy 4 15

IV

Vers que j'ai inscrits sur les murs de ma Bastille, à la Citadelle de Sedan, 16 ventôse, an 3 républicain (1)

Le triomphe du crime outrage la vertu !

L'homme est libre partout où son âme est tranquille.

Qui trahit son pays peut le trahir encore.

Des fers de ses tyrans le citoyen s'honore.

La franchise souvent est dupe de la fourbe

Quiconque est malheureux n'a bientôt plus d'amis.

Du crime à la vertu, l'intervalle est immense.

De l'innocence au crime, il n'est souvent qu'un pas.

Quand le crime est vainqueur, l'innocence est victime.

L'échafaud ne flétrit que le brigand, le traître ;
Qui combat les tyrans peut-il servir un maître ?

Auguste vérité, fille de la nature,
Viens avec ton flambeau confondre l'imposture.

L'ambitieux, vainqueur, opprime ses rivaux ;
L'ambitieux, vaincu, rampe sous ses bourreaux.

L'homme juste opprimé pardonne à ses bourreaux.

Le pouvoir despotique est à l'oligarchie
Ce que l'arbitraire est à la démocratie.

Sous l'empire des lois, l'iniquité révolte,
Si l'arbitraire aigrit, l'équité réconforte.

Souvent le sang du juste a teint le fer du crime.

Qui poursuit les tyrans ne peut vouloir un maître.

..... *Times* (2) *Danaos et dona ferentes*
Je crains des Anglicans les dehors imposteurs.
Je crains aussi des Grecs les cadeaux enchanteurs.

(1) 6 mars 1795.
(2) L'original porte *Times* au lieu de *Timeo*.

V

Extrait d'un journal de Mogue : Etat nominatif des Patriotes qui m'ont donné des secours dans ma captivité oppressive à la citadelle de Sedan.

Salzard, thermidor, six bouteilles de vin.

Destremont, fils, du dictrict de Rocroy, thermidor, une bouteille de mousseux.

Le citoyen... machiniste à la Citadelle, thermidor, deux bouteilles de vin, un plat de veau en ragoût.

Le citoyen Figuières, thermidor, un litre de vin.

La citoyenne Valentin, thermidor, deux déjeuners à café.

Barthelémy, concierge, thermidor et mois suivant, pain, chandelles.

Fontaine, brumaire-frimaire, chandelles, café, veau rôti, quatre francs, etc.

Colin-Fontaine, brumaire-frimaire, deux bâtons de cire, plumes, pain, poires cuites, etc.

Citoyenne Quinet, brumaire-frimaire, fagots, pain.

Citoyenne Galicet, brumaire-frimaire, pain, couverture, draps et autres services.

Citoyenne Noël, brumaire-frimaire et suivans, bois, veau, pain.

Citoyenne X..., thermidor, oreiller et son travers.

Citoyenne Monpain, frimaire et nivôse, bois et charbon.

Citoyenne Saint-Pierre, frimaire et nivôse, bois, charbon.

Citoyenne Noël, thermidor-fructidor, poires, raisins, noisettes ; 2 nivôse, un fagot ; 24 frimaire, quatre chandelles ; 28 frimaire, quinze bûches.

Citoyen Willaume, ventôse-brumaire-frimaire, poulet, mouton, pain, vin, bois, riz, etc., lavé mon châlit.

Citoyen Hablot, 7 nivôse, quatre bûches.

Wuillaume, 7 nivôse, quatre bûches.

Colin Lutaine m'a prêté le 13 nivôse, un chandelier.

Le citoyen... m'a prêté le 12 nivôse, cy, une table.

Le 15 nivôse, Monpain, m'a donné, cy, un fagot.

Le même jour, Saint-Pierre, cy, un fagot.

Le 27 nivôse, la citoyenne Monpain, m'a apporté dans une hôte, trois grosses bûches et du charbon.

Le 28, la petite Colin, m'a apporté de la part des patriotes une chandelle et trois livres cinq sols.

Le 30 nivôse, la petite républicaine Colin, m'a apporté de la part des patriotes une livre de sel, plus 3 fr. 10 sous, plus des braisettes pour mon feu, de la citoyenne Hastot.

Le 1er pluviôse, la petite Colin, m'a apporté près de deux livres de pain.

Le 3 pluviôse, Jussy, m'a apporté de la part de Harmand, cordonnier, un fagot.

Le 6 pluviôse, Jussi, m'a apporté de la part de Harmand, cordonnier, un fagot.

Le 6, la petite Colin, m'a apporté des braises de la part de la citoyenne Hablot.

Le juge Jussi m'a donné les numéros 413 et 415 du libelle infect intitulé « l'Ami des loix révolutionnaires » contenant une analyse du rapport que que M. Delacroix, député, ex-commis ministériel de Turgot, a fait à la Convention de ses oppressions et de son machiavélisme sur cette frontière ; et une tirade de mauvais vers contre les fidèles représentans qui siègent à la Montagne, où ils sont qualifiés d'agitateurs.

Cercelet m'a prêté le 1er ventôse, huit numéros du *Journal universel* par Audoin (de Seine-et-Oise) pour m'aider à dévorer mes ennuis.

Le 7 ventôse, j'ai rendu au petit frère de l'épouse de Galicet et à son oncle, en présence de la citoyenne Nivoix, concierge, le matelas, la couverture de laine blanche, le traversin que la citoyenne Galicet m'avait prêtés, et je couche maintenant sur le matelas que Lambert, mon beau-frère, m'a apporté de Ville-sur-Lumes, le ventôse, avec une courte-pointe bleue, avec des bouquets mouchetés de blanc et un traversin de couti rempli de plumes, le tout neuf, cy... Renseignement.

Le 14 ventôse, le nommé Leclerc, entrepreneur, et le patriote Martinet, maçon de Wadelincourt, sont venus, vers huit heures du matin, dans ma bastille, accompagnés du cortège ordinaire, mesurer une fenêtre déjà murée d'un côté dans ma caverne, afin de la murer aussi du côté intérieur ; ce qui fit que je leur adressai la parole en disant : Vous devriez murer aussi la porte et la cheminée ; par ce moyen les traîtres seraient débarrassés de ma personne qui les inquiète terriblement. Ils me répondirent qu'ils n'étaient que les exécuteurs bénévoles des ordres qu'ils avaient reçus.

Le même jour, tandis que Martinet et un autre jeune maçon opérait la clôture dont il s'agit, est arrivée la petite patriote C...n m'apportant des pommes de terre pour soutenir ma débile existence ; elle m'apprit que nombre de fois, à mon insçu, la femme Nivoix, concierge, et la femme Colet, sa belle-sœur, s'étaient permis d'aller quêter pour moi chez les patriotes de Sedan, ce qui m'étonna et m'indigna d'autant plus qu'elles n'en avaient jamais reçu aucun ordre ; je déclarai à la républicaine Colin que jamais je n'avais rien reçu des objets quêtés et je l'invitai à faire part de la vérité à tous mes frères les patriotes ; elle me répondit qu'ils sçavaient bien tous que cette femme, vraie grippe sols, y était venue de son propre mouvement, qu'elle s'était appropriée les vols et qu'on avait fini par la chasser.

La républicaine Colin, Martinet, ainsi que les canoniers du poste voisin de ma bastille m'apprirent que ces jours derniers les citoyens de Sedan allaient processionnellement à Bouillon pour y acheter du pain à 40 et 50 sols la livre ; qu'on y allait acheter des pommes de terre à un prix scandaleux ; que nos vins et autres denrées y passaient facilement, et que par le port de Charleville aussi on faisait transporter nos grains et autres subsistances, par la Meuse dans le Luxembourg.

Et le 15 ventôse j'écrivis à la Convention et aux auteurs du *Républicain*, du *Journal universel*, de l'*Ami du Peuple*, pour les inviter à réprimer et à publier ces attentats populicides.

Le 18 ventôse, Gallet est sorti de sa Bastille en vertu d'un arrêté du Comité de Sûreté générale du 25 pluviose dernier.

Le décadi 20 ventôse, le citoyen Colin-Sutaine m'a fait dire par le jeune frère de la citoyenne Gallet qui m'apporta mon lait, que sa petite, insultée à chaque coin de rue pour les services qu'elle me rendait, ne pouvait plus me les continuer... quelle horreur !

Le 21 ventôse, vers les trois heures après-midi, Antoine que j'avais appelé, est venu me dire que le commandant du château nommé... lui avait défendu de venir dans ma Bastille sinon à neuf heures du matin et à quatre heures et demie de l'après-midi pour me procurer de l'eau et un peu de pain. Vers six heures moins quelques minutes, Jussy étant de garde, j'ai, pour la troisième fois, sommé Antoine Fontaine de venir pour me fournir les objets dont j'avais besoin ; il m'a répondu que le commandant lui avait défendu verbalement de m'ouvrir ; à quoi j'ai répondu en lui demandant qu'il se fit remettre par écrit cet ordre arbitraire et contraire aux lois, et l'ai averti qu'il y avait vingt ans de gêne entre les commandans et géôliers qui se permettaient de pareilles vexations, Lefezvre, sergent de la première compagnie de canoniers, autre témoin ; puis Barbaise, canonier, etc.

Le 25 ventôse, je m'apperçus par la fenêtre de ma Bastille, qu'un très grand nombre de citoyens et citoyennes étaient extraordinairement parées ; je demandai de suite pourquoi aux canoniers du poste et j'en appris que c'était le dimanche, que ces personnes chômaient ; il était deux à trois heures.

Le même jour vers trois à quatre heures, j'entendis par ma fenêtre un bruit confus, sourd et lugubre, mêlé de cris sinistres dans la ville de Sedan : ayant interpellé les canonniers du poste, ils m'informèrent que des troupes de séditieux, armés de gros bâtons, appellés *Juges de paix*, poursuivaient les patriotes des deux sexes ; j'appris bientôt que ces furieux s'étaient portés chez la citoyenne Warroquier, apothicaire, et y avaient brisé ses vitres et portes et saccagés ses objets précieux de pharmacie.

Qu'ils s'étaient portés aussi chez le patriote Alma qu'ils avaient mutilés, ainsi que sa fille, l'épouse du patriote Durège et que tous deux étaient tout sanglans par l'effet des attentats des furieux.

Que Destré avaient eu comme les précédents ses fenêtres et ses portes brisées et avaient essuyé les mêmes traitemens.

Tout à coup, vers quatre à cinq heures, une bande de séditieux se porta chez Herbulot, miroitier, et malgré la cavalerie et l'infanterie, qui patrouillaient dans la ville et se portaient sur tous les points menacés, elle brisa les croisées et les chassis ainsi que les portes et il me semble encore entendre le son des verres qui jaillissaient sur le pavé et les coups redoublés qui enfoncèrent les portes dans différentes parties de la ville, sont encore présens à mes oreilles, cette bande resta chez Herbulot jusques à près de six heures.

Vers cinq heures et demie, j'entendis à travers un tumulte effroyable mêlé de cris et de coups, un coup d'armes à feu qui fut tiré du côté du faux bourg du Mesnil et après le coup les cris redoublèrent.

Vers sept heures un quidam vint chez Antoine Fontaine, portier de ma Bastille, le prévenir qu'on allait lui acconduire un prisonnier et, en effet, vers huit heures un détachement d'environ quinze à vingt hommes de la garde nationale ont mené et déposé dans le cachot voisin du mien, et ci-devant occupé par le patriote Gallet, ex-maire de Mouzon, le patriote saint Pierre, officier des canoniers, le même qui m'a prêté des draps.

Les canoniers m'avaient observé vers trois heures que les gazettes du jour lues à Sedan, excitaient indirectement à ces excès coupables ; et ces braves défenseurs ne sçavaient comment m'exprimer leurs alarmes sur les circonstances actuelles et surtout sur les troupes qui, d'après les journaux, étaient aux environs de Paris, etc., etc.

Le 26, après avoir vu repasser sous mes fenêtres plusieurs petites bandes de poliçons des deux sexes, j'entendis bientôt après le son des carreaux de vitres qui tombaient en pièces sur le pavé ; c'était à une maison donnant sur le rempart au levant et à cinquante pas environ de la maison de Poupart, que sept à huit séditieux en voulaient. Vers une heure, ayant appelé un jeune canonnier du poste pour aller prévenir le commandant d'empêcher le dégât des propriétés. Bah ? répondit-il, ce sont des clubistes... belle réponse !... et des sentinelles étaient placées pour la sauvegarde des propriétaires des patriotes.

Le 28 ventôse, le père Antoine Fontaine, en m'apportant du feu à onze heures du matin, m'apprit que le patriote Gallet, maire de Mouzon, avait été massacré à Mouzon où il s'était retiré après sa sortie de la Citadelle, en vertu de l'arrêté du Comité de Sûreté générale.

Vers une heure, quatre à cinq jeunes canoniers du poste se sont mis à chanter à la porte du sans-culotte Saint-Pierre, détenu, ensuite à la mienne, une chanson où j'ai remarqué ces vers :

Le jour tardif de la vengeance...
Peuple, peux-tu voir sans horreur...
Mânes plaintifs de l'innocence...
Hâtes-toi de restituer au Fenare
Tous ces buveurs de sang humain (1)

Et après, l'un des canoniers est venu m'annoncer aussi le massacre de Gallet qu'il m'apprit avoir été haché à coup de sabre et jeté à l'eau et que le sans-culotte Barthelémy, ex-geôlier de Religieuses, avait aussi essuyé le même sort.

Le 6 germinal, la cloche de la grande église de Sedan n'a cessé de sonner des rappels depuis onze heures du matin jusqu'à six heures du soir ; mais le concours des citoyens n'a pas été très nombreux, leur assemblée avait pour objet à ce que j'ai appris de la bouche de... leur faire...

Le 7 dudit, la même cloche a encore sonné toute la matinée jusqu'à midi.

Le 10 germinal, deux jeunes canonniers parmi lesquels se trouve un nommé Flamand, dont la tête ne me paraît pas avoir une organisation solide m'avait outragé et insulté plusieurs fois à travers la porte de ma Bastille en répétant à différentes reprises des chansons allusoires, en me

(1) Journal intitulé le « Républicain français », cette chanson s'y trouve (Note de M.).

qualifiant de buveur de sang et en affectant de crier chaque fois qu'il passait sous la voûte où donne cette porte : « Mogue, opprimé par la faction royaliste ; Mogue, opprimé par la faction militaire », et en m'adressant en outre des menaces d'attenter à ma sûreté ; j'en avais écrit une lettre au commandant de la place que je conserve dans mes papiers.

Mais le 19 germinal, vers les neuf heures et demie du matin, le citoyen..., boucher à Issancourt, étant venu me trouver pour m'inviter à lui accorder de traiter avec mon beau-frère pour l'achat de la part qu'il appartient à ma sœur dans les moutons que nous avons en commun, les mêmes individus passant sous ma porte, réitèrent les mêmes propos ; puis, étant entrés avec la concierge pour ouvrir la porte au citoyen qui conférait avec moi, celui-ci se retira chez le concierge.

Une petite demi-heure après, environ deux ou trois individus vinrent fraper à ma porte et me sommèrent à trois reprises de lire un journal intitulé « Serlet » annonçant l'arrestation de Levasseur, Thuriot, Hentz, Granet, etc., lequel ils me passèrent sous la porte ; l'ayant pris, je le leur remis de suite, en disant que je n'en avois pas besoin, le mien allant m'arriver de la poste ; alors ils me dirent : Ah ! Greusard, voilà tes amis foutus, ton Levasseur est pris... buveur de sang, tu la danseras après midi ; tu ne nous échaperas pas cette fois-ci.... Et, en effet, deux heures environ après, sont revenus les mêmes individus avec cinq ou six femmes, parmi lesquelles j'en ai remarqué une ayant les cheveux bruns, le visage olivâtre et tout cribé de petite vérole et de taches de rousseur et une jeune fille d'environ dix-huit ans, ayant la chevelure blonde comme du lin, les sourcils de même couleur, le visage rond, pâle et marqueté de quelques taches de rousseur, ayant une espèce de camizolle, couleur marron, toutes deux d'une taille médiocre..... La première était la plus acharnée ; elle me menaçait violemment d'attenter à ma vie, disait que je ne vivrais plus si elle se fût trouvée là lorsque le 7 juillet je fus proscrit de la Société populaire de Sedan et conduit à minuit hors de la ville, pour ma sûreté ; ces quidams des deux sexes me déclarèrent a travers ma porte que si elle était ouverte, ils me massacreraient et jetteraient mon corps par la fenêtre ; elles ajoutèrent que mon Massieu serait bientôt pris aussi. Je leur dis que je ne le connaissais pas et qu'elles étaient égarées à mon égard, puisque j'étais moi-même persécuté pour la troisième fois par les buveurs de sang bien à tort de l'être ; qu'elles n'avaient plus qu'à lire mon mandat d'arrêt déposé à la commune, dont je venais de donner copie au corps de garde ; enfin, après plusieurs autres propos et menaces, la troupe s'est retirée ; l'un des insolens se nomme Flamand.

Je dois dire que les femmes habitent le Faux-Bourg du Mesnil, les voyant souvent s'y rendre sous ma fenêtre.

II

CORRESPONDANCE DE MOGUE

PENDANT

Sa Détention à la Citadelle de Mézières

I

A la citadelle de Mézières, le 7 floréal l'an 3 de la République une et indivisible (1).

Mogue, détenu depuis le 18 thermidor aux citadelles de Sedan et Mézières aux Représentans du Peuple composant le Comité de Législation de la Convention nationale.

CITOYENS REPRÉSENTANS,

Arrêté depuis le dix-huit thermidor de l'an second, en vertu d'un ordre non motivé du Comité de Salut public, signé de Collot d'Herbois, Billaud-Varennes, Barère, Thuriot, C. A. Prieur, Carnot, R. Lindet, Tallien (2), Laloi (3), Bréard (4), Eschasseriaux (5), Threillard (6), je gémissais dans un cachot infect et

(1) 26 avril 1795.

(2) Tallien (Jean-Lambert), né à Paris en 1769 où il mourut le 16 novembre 1820. Il fut envoyé à la Convention par le département de Seine-et-Oise. Fit partie du Comité de Sûreté générale et contribua à la chute des Girondins. En septembre 1793, il avait été chargé d'une mission à Bordeaux, dans laquelle il se fit remarquer par ses cruautés. Il fut un des principaux acteurs de la journée du 9 thermidor, ce qui lui valut d'être nommé membre du Comité de Salut public et président de la Convention. Commissaire de la Convention en Vendée, il fit fusiller les prisonniers royalistes à Quiberon. Elu membre du Conseil des Cinq-Cents, il prit part au coup d'Etat du 18 fructidor. En 1798, il fit partie de l'expédition d'Egypte où il obtint le poste d'administrateur de l'enregistrement du timbre et des domaines, emploi dont il fut relevé par Menou, et renvoyé en France. Au cours de la traversée il fut fait prisonnier par les Anglais. En 1802 on le nomma consul à Alicante, mais la maladie le força bientôt à revenir à Paris où il vécut très retiré.

(3) Laloy (Pierre-Auguste), né à Doulevant (Haute-Marne), le 16 janvier 1749, où il mourut le 5 mars 1846. Il fit partie de la Législative, de la Convention et du Conseil des Cinq-Cents.

(4) Bréard (Jean-Jacques), né à Marennes en 1760, mort en janvier 1840. Il avait été envoyé par la Charente-Inférieure à la Législative et à la Convention. Il prit une part active à la chute de Robespierre, ce qui le fit nommer au Conseil des Cinq-Cents. Après le 18 brumaire, il fit partie du Corps législatif.

(5) Eschassériaux (Joseph), né à Corne-Royal le 29 juillet 1753, mort le 24 janvier 1823. Il fut envoyé par le département de la Charente-Inférieure à la Législative et à la Convention; membre du Conseil des Cinq-Cents; il fit partie aussi du Tribunal révolutionnaire.

(6) Treilhard (Jean-Baptiste), né à Brives (Corrèze), le 3 janvier 1742, mort à Paris le 1er décembre 1810. Il était avocat lorsqu'il fut député par Paris aux Etats-Généraux ; le département de Seine-et-Oise l'envoya à la Convention et, après le 18 brumaire, il fit partie du Conseil d'Etat.

méphitique de la citadelle de Sedan, où pendant neuf mois je ne pus communiquer avec qui que ce soit, pas même avec mes parens. Cependant des hommes inconnus dans la Révolution, des aristocrates vindicatifs, mes ennemis personnels et déclarés, faisaient circuler dans les communes du département des Ardennes des libelles atrocement calomnieux; des pamphlets absurdes et dégoûtans dictés par la cohorte des passions haineuses et par la ligue des royalistes, des fripons publics et contre-révolutionnaires contre lesquels j'ai dû développer, depuis six ans, le caractère juste et sévère du républicanisme inaltérable et de l'intègre probité qui ont toujours présidé à mes actions publiques et privées. Cependant plusieurs députés de mon département, connus pour être mes ennemis personnels depuis longtems, n'ont pas rougi de se joindre à mes calomniateurs en adressant au Comité de Sûreté générale, en livrant à l'impression et en répandant dans les communes du département, un torrent de libelles et de diatribes marqués à chaque ligne, au coin de la passion, de l'imposture et de la perfidie, et, par ces moyens coupables, mes éternels ennemis sont parvenus à tromper la religion du Représentant du Peuple Charles de la Croix et par suite, celle de plusieurs membres du Comité de Sûreté générale, moyens qui leur ont réussi d'autant mieux que depuis plusieurs mois, deux de mes ennemis déclarés ont été promus au Comité de Sûreté générale, je veux dire les citoyens Callès et Perrin, qui avaient déjà signalé leur ressentiment contre moi dans un compte imprimé qu'ils rendirent à la Convention nationale au mois de Brumaire de l'an second de la conduite qu'ils avaient tenue dans le département des Ardennes, d'où ils furent rappelés par décret du 27 vendémiaire sur les dénonciations portées à la Convention par des députés des Sociétés populaires de Montmédy, Mouzon, Sedan, Givet, Philippeville, que j'accompagnais et qui, pour la plupart, partagent aujourd'hui mes nouvelles persécutions. Bref, j'avais vainement sollicité l'examen le plus sévère de ma conduite devant un tribunal intègre et impartial par de nombreux mémoires adressés et pétitions que j'envoyai par vingt fois différentes à la Convention nationale, à ses Comités de Salut public et de Sûreté générale ; lorsque la nuit du 21 au 22 germinal dernier, je me vis extraire de mon affreux cachot de Sedan et traduire les mains garottées dans un autre cachot aussi affreux de la citadelle de Mézières pour y être mis en jugement avec plusieurs autres détenus depuis le 9 thermidor et nommément les citoyens Durège, Vassant, Crin, Warroquier, Delécole, Boucher, Lefranc, Gallet et autres, devant le tribunal criminel des Ardennes et définitivement sur de prétendus troubles qui n'y avaient jamais existé avant mon arrestation, sur de prétendues vexations et oppressions qui ne se trouvent que dans le cerveau de nos persécuteurs et qui n'ont réellement existé depuis le 9 thermidor que contre nous et les soi-disant terroristes, qui, comme nous ont été placés par la calomnie, le royalisme et l'esprit de vengeance et sous le joug de la plus cruelle tyrannie, sous les couteaux de l'assassinat.

Depuis ma translation à Mézières, en vertu de l'arrêté du Comité de Sûreté générale en date du 15 germinal, nous avons paru plusieurs fois devant le Président du Tribunal et particulièrement hier et aujourd'huy pour y être interrogés sur les prétendus délits qui nous sont imputés et qui sont uniquement relatifs à la Révolution. En vain, nous avons refusé de répondre sur le fond de l'affaire ; en vain nous avons soutenu que le Tribunal criminel ordinaire des Ardennes n'avait aucun pouvoir de nous juger sur de pareilles imputations. En vain, nous avons décliné sa juridiction, nous avons invoqué les loix qui attribuent au seul tribunal révolutionnaire de Paris la connaissance de semblables délits ; en vain nous avons invoqué l'application des loix du 16 septembre sur la procédure par Jurés et celle du 17 germinal dernier (postérieur au renvoi pur et simple fait par le Comité le 15 du même mois) qui défend aux tribunaux ordinaires de juger désormais *révolutionnairement* les fonctionnaires publics d'après la loi du 14 frimaire an II. Malgré la justice de nos réclamations, le Président du Tribunal soutient qu'il est suffisamment autorisé par l'arrêté du Comité qu'il qualifie de Commission extraordinaire à retenir la connaissance de notre affaire et à nous immoler à la fureur de nos ennemis, sans nous faire passer par la filière des formes salutaires et bienfaisantes de la justice commune à tous les citoyens. Tous les faits qne je viens de vous détailler sont constatés par les nombreuses pièces du procès et par celles qui sont encore entre mes mains ; il n'est pas encore hors d'œuvre de vous apprendre que le Président du Tribunal des Ardennes (le citoyen Féard) est un détenu qui avait été traduit au Tribunal révolutionnaire et qui n'a été élargi que depuis le 9 thermidor, enfin qu'il est mon ennemi juré et celui de plusieurs de mes compagnons d'infortune.

J'ai donc dû demander avec instance, lors du nouvel interrogatoire que j'ai subi hier, que le Tribunal en adressât copie dans le plus court délai au Comité de législation avec celles de l'arrêté du Comité de Sûreté générale du 15 germinal, de deux autres interrogatoires qui m'avaient déjà été faits et d'une pétition nouvelle que j'adressais à la Convention nationale et au Comité de Sûreté générale et que le Tribunal a pris sur lui d'intercepter le 28 germinal. Je demande donc, au nom de la justice éternelle, au nom de l'innocence opprimée, au nom des nombreux services que j'ai rendus à la Révolution depuis six ans, que le Comité de législation me fasse jouir du bénéfice de la loi, en me faisant traduire sans délai devant un tribunal compétent, intègre et impartial autre que celui du département des Ardennes.

MOGUE,

Cultivateur à Ville-sur-Lumes, canton rural de Mézières.

II

Au Citoyen-Commandant temporaire de la place de Mézières,

Exposent les citoyens Warroquier, Durège, Lefranc, Crin et Moguc, détenus à la citadelle de Mézières, qu'ils sont surpris qu'en contravention aux droits sacrés de l'homme et aux lois de la République on ne permette ni à leurs parens ni à leurs conseils de communiquer avec eux, soit pour leurs subsistances, soit pour la gestion de leurs affaires, soit pour subvenir aux besoins de toute espèce qui les pressent, à tel point que plusieurs d'entr'eux sont rongés par la vermine et la galle ; soit enfin pour se procurer les moyens et les pièces nécessaires à leur justification. Néanmoins l'article 10 du titre VI du décret du 16 septembre 1791 sur la procédure par jurés ayant été exécuté à l'égard des exposans, ils ont le droit de jouir du bienfait de l'article 13 du même titre, qui les autorise à communiquer avec un ou plusieurs amis et conseils pour les aider dans leur défense. Mais encore cette loi est d'autant plus applicable que, loin de se trouver dans l'état d'accusation qu'elle suppose, les pétitionnaires ne sont pas même encore prévenus *légalement* de délits positifs.

Plusieurs décrets rendus depuis le 9 thermidor, de l'an II, défendent expressément *de tenir au secret* pendant plus de trois jours les prisonniers arrêtés pour cause de la Révolution et de les empêcher de communiquer au moins deux fois par décade avec leurs parens et leurs amis. Les exposans rappellent encore au Commandant que l'article 5 de la loi du 12 brumaire dernier relative aux besoins des détenus les autorise à communiquer tous les jours avec leurs parens ou leurs amis agréés par la municipalité et aux heures indiquées par elle pour l'administration de leurs affaires. Sous tous les rapports, les pétitionnaires sont donc bien fondés à réclamer contre les actes tyranniques qu'on se permet journellement envers eux et certes la circulaire adressée aux corps administratifs, par la Commission des Administrations civiles, police et tribunaux, sous la date du 6 pluviôse dernier, n'aurait pas dû laisser les réclamans dans le cas de s'élever contre l'injustice et l'arbitraire le plus despotique. Ils demandent, en conséquence, au nom de la loix et de la circulaire précitée, qu'il leur soit loisible de communiquer librement avec leurs parens et avec les conseils dont la présence leur est indispensable pour la gestion de leurs affaires et pour pourvoir aux besoins journaliers et pressans qu'ils éprouvent dans leur captivité et dans la misère et la famine factice qui dévore la Patrie et leur rendent encore le fardeau plus pénible et plus accablant, sauf toutefois les mesures convenables de sûreté à prendre par les militaires préposés à la surveillance de leur prison.

MOGUE (1).

(1) Cette requête ne porte aucune date.

III

A la Citadelle de Mézières, le 11 floréal l'an III de la République une et indivisible (1).

Mogue ex-commissaire national près le tribunal du district de Sedan,
Au Citoyen agent national du district de Sedan.

CITOYEN,

Un procès verbal et une lettre des juges de paix de la commune de Sedan, datés du 13 germinal et du 9 floréal courant, m'apprennent que tu as requis de nouveau l'opposition (2) et la levée de leurs scellés sur les papiers et les effets qui m'appartiennent dans le local où j'étais détenu à la citadelle de Sedan ainsi que la vérification de mes papiers, la saisie et l'envoi à l'accusateur public de ceux d'entr'-eux qui auraient paru suspects aux juges vérificateurs. C'est pour la quatrième fois que cette opération a lieu depuis mon arrestation dont les motifs prétendus me sont encore ignorés ; toutefois je ne m'en plains parce que je me plais à croire que tu as reçu des *ordres extraordinaires* pour renouveller l'examen de papiers qui avaient été vérifiés et nullement trouvés suspects dans deux examens précédens et sur lesquels la loi du 12 brumaire dernier ne permettait pas d'apposer de nouveaux scellés, mais comme tu as sans doute adressé, ou que tu adresseras au tribunal devant lequel je suis renvoyé pour sçavoir s'il y aura lieu à dresser contre moi une accusation d'après les loix des 16 septembre 1791 et du 17 germinal dernier, les pièces saisies dans mes papiers patriotiques, tu me fourniras par ce scrutin nouveau, de nouveaux moyens de faire éclater mon innocence, de prouver mon intacte probité et de dévoiler à la face du peuple et de ses magistrats les motifs et les intentions de ceux de mes ennemis qui, sans me connaître, et sans avoir aucun reproche positif à m'adresser se livrent aux fureurs vindicatives de leurs passions et mettent leur intérêt personnel à la place du salut de la Patrie. Traduit plus de dix fois devant les tribunaux par les

(1) 30 avril 1795.
(2) Il faut lire l'apposition.

intrigues de la haine et de l'aristocratie, Caton n'en sortit que plus pur du creuset épuratoire de la justice. Mais j'en reviens à l'objet particulier de ma lettre.

Le citoyen Antoine Fontaine, portier de la citadelle de Sedan, qui était préposé à la garde de ma prison, m'a fait sçavoir, le 28 germinal dernier qu'après la levée de mes scellés les juges de paix l'avaient constitué dépositaire du peu d'effets et de la malle qui contient mes papiers, ceux de ma famille et de mes cliens et qu'il s'empresserait de me les faire parvenir aussi tôt qu'il aurait reçu des ordres à ce sujet. Je t'invite donc à les lui donner, s'il en est besoin et à lui intimer de ne remettre la malle qui renferme mes papiers, livrets et décrets, qu'en présence d'un juge de paix, afin que ce magistrat reconnaisse le cachet qu'il a apposé, en place de serrure, aux extrémités d'une corde dont elle est liée de toutes parts, et que je sois assuré que rien de ce qu'elle contient n'a pu s'égarer. Sans doute, il eut été plus légal d'apposer les scellés avant mon départ de la citadelle et de les lever en présence de mon fondé de pouvoirs, comme le prescrit le décret du 12 brumaire, mais la précaution prise par le juge de paix après la levée de leurs scellés semble me garantir que cette légère omission n'aura produit pour moi aucune lésion dans la plus précieuse de mes propriétés; celle qui constate et assure la pureté et le courageux dévouement de mon existence civile et politique. Je t'invite à donner l'autorisation que je demande aussitôt la réception de ma lettre et à m'en instruire par une réponse afin que je puisse envoyer à Sedan un fondé de pouvoirs chargé de recevoir en présence d'un juge de paix les effets et la malle qui contient mes moyens de défense et de justification dans le cas où je serais accusé, après avoir passé par la filière des formes ordinaires de la justice. Je compte à ce sujet sur ta loyauté et sur ton impartiale équité.

Quand aux objets qui ne m'appartiennent pas et qui m'ont été prêtés par des citoyens de Sedan, j'en joins ici l'état afin que tu charges le citoyen Fontaine dépositaire de les remettre exactement à qui ils appartiennent.

Salut et fraternité en la République.

MOGUE.

IV

Aux Citoyens officiers municipaux de la commune de Mézières.

Expose Nicolas Memmie Mogue, détenu à la citadelle de Mézières qu'il est autorisé par les loix du 16 septembre 1791, sur la police de sureté par différentes loix rendues depuis le 9 thermidor et particulièrement par le décret du 12 brumaire dernier sur l'administration des biens-meubles et immeubles et de ses revenus ; que pour cet effet, il a choisi le citoyen Mahault notaire public et ci devant administrateur du district de Libreville, domicilié à Mézières.

Qu'il demande en conséquence, que, conformément à cette loix, la municipalité de Mézières autorise le citoyen Mahault, en lui délivrant une permission, à se transporter à la citadelle de Mézières, au lieu de la captivité de l'exposant, pour recevoir les instructions et les pouvoirs suffisant pour remplir les objets énoncés en sa pétition et dont il lui déterminera précisément les limites.

Fait à la citadelle de Sedan (1), le 11 floréal, l'an 3 de la République, une et indivisible (2).

(1) Il faut lire Mézières.
(2) 30 Avril 1795.

V

A la Citadelle de Mézières le 13 floréal, l'an 3 de la République, une et indivisible (1).

Mogue, au citoyen Ister, fils, laboureur, à Ville sur Lumes.

J'ai écrit hier à l'agent national du district de Sedan relativement à mes papiers et effets sur lesquels les scellés avaient été mis le 23 germinal, qui ont été levés le même jour, pour qu'il autorise le citoyen Fontaine, portier de la citadelle, à remettre les effets et la malle qui contient mes papiers, restés à sa garde et responsabilité, à la personne que j'enverrai pour me les faire transporter ici, sçavoir : la malle par la diligence à mon adresse et pour être déposée à son arrivée à la municipalité de Mézières, qui me la fera remettre par un de ses membres, que j'en ai prévenu aujourd'huy ; quant aux meubles et effets qui sont à Sedan, celui ou celle qui s'y rendra les laissera à Ville, n'ayant besoin à Mézières que de mes papiers qui contiennent mes nombreux certificat de civisme et de probité, ainsi que les décrets de la Convention Nationale rendus en ma faveur, les commissions multipliées qui m'ont été confiées par les Comités de Salut public et de Sûreté générale, par douze représentans du peuple et par les départemens des Ardennes ; enfin toutes les pièces importantes qui doivent me servir de défense.

Comme la cassette que j'ai à Sedan est dégarnie de sa serrure, il faudra au premier voyage que ma sœur fera à Mézières, qu'elle reporte à Ville la malle que j'ai chez la citoyenne Brincourt et cette malle, après qu'elle aura été vidée des habits et effets qu'elle contient, servira pour aller chercher mes papiers, livres et décrets qui sont à Sedan ; il sera bon d'en faire aussi rattacher la serrure par un ou plusieurs clous qui lui manquent avant de partir de Ville sur Lumes ; ma sœur aura soin de ranger avec ordre les effets qu'elle renferme, et comme elle est un peu grande, il faudra mettre mon traversin dessus les papiers afin qu'il n'y reste point de wide et que le choc de la diligence ne déchire point les papiers précieux qui y

(1) 2 mai 1795.

seront contenus. Aussitôt que l'agent national de Sedan m'aura répondu sur ma lettre d'hier, je t'en ferai part et je prendrai les mesures nécessaires pour qu'un citoyen, mon fondé de pouvoirs, se rende à Ville sur Lumes et y prenne ma sœur et à son passage pour se rendre chez elle à Sedan.

En attendant, je te recommande de m'envoyer par ma sœur dans une serviette, les quatre gros livres de décrets qui sont à Ville, le jour que ma sœur viendra chercher ici ma malle, chez la citoyenne Brincourt.

Je l'autorise à vendre l'orge et l'avoine qui me restent au grenier; on m'assure que l'orge coûte au courant 70 l. le quintal; l'avoine 32 à 36 l.; il m'est bien douloureux d'être obligé de les vendre à aussi haut prix. Mais enfin ce n'est pas ma faute et moi-même je paye ici tous les objets à un prix exorbitant; au surplus, vous ne les livrerez qu'au prix courant et vous me ferez compte de ce que vous aurez touché pour moi, lorsque j'aurai besoin de fonds. On m'apportera, en venant, le nom du maire actuel de Lumes, celui du procureur de la commune et celui du secrétaire de cette commune. Dauchy, officier municipal de Ville sur Lumes, voudra bien me les donner par écrit et afin de ne pas faire deux voyages, elle m'apportera du pain et du lait dans une bouteille. Il suffit qu'elle vienne dans quatre ou cinq jours. Dauchy m'enverra aussi les noms des officiers municipaux et notables qui ont assisté lors de l'enlèvement de plusieurs papiers par l'ordre du département, il y a près de deux ans, à mon domicile à Ville sur Lumes.

Salut et fraternité.

MOGUE.

P.-S. — Tu m'enverras ici mon habit bleu à boutons jaunes, une serviette, deux mouchoirs de nez, une paire de bas de fil que la citoyenne Robinet a dû me faire avec le fil que je lui ai donné.

Voici l'adresse qu'il faudra faire attacher avec des clous sur ma malle qui sera mise à la diligence de Sedan.

VI

Mogue détenu à la citadelle de Mézières aux administrateurs du département des Ardennes.

La Municipalité de Mézières vient de me transmettre dans la prison que j'occupe à la citadelle l'exposé de votre réponse à la pétition que j'ai présentée le 11 du courant et aux magistrats chargés de la police immédiate des maisons d'arrêt. Les motifs apparens qui ont déterminé la rigueur réelle de votre décision collective me forcent à rompre le silence pour opposer à l'erreur ou à la calomnie le langage simple et pur de la vérité.

Je déclare donc qu'il est faux que jamais j'ai fait, que jamais je n'aie conçu l'intention de faire la moindre menace de soulever ni le peuple, ni une section du peuple ni un seul citoyen en ma faveur ; c'est avec le flambeau de l'évidence que je veux confondre l'imposture et dans aucun tems, dans aucun lieu, je n'ai voulu brandir les torches de la discorde. Certes, n'est-il pas, au contraire, reconnu, que depuis ma détention, que jusques sous les yeux de l'administration à qui j'adresse la parole, je me suis vu outrager, persécuter, despotiser, au mépris des loix qui sont la langue vivante de la souveraineté nationale.

J'ignore aussi comment j'avais pu provoquer sur ma conduite ou sur mes principes politiques les nuages de la plus faible défiance. Enfin, n'est-il pas aussi partial qu'étrange de *préjuger* comme *criminel d'état*, un homme que sa probité, son républicanisme et ses services patriotiques semblaient devoir garantir des influences mêmes de soupçon d'une pareille inculpation ; un homme qui n'est point *traduit*, qui n'est que *renvoyé* par le Comité de Sûreté générale devant le tribunal des Ardennes.

L'administration, ce semble, ne doit pas ignorer que les juges d'un tribunal ordinaire n'ont aucun caractère légal pour prononcer sur les crimes d'état dont la connaissance n'appartient qu'au tribunal révolutionnaire ; elle ne doit pas ignorer que le Tribunal des Ardennes dans le cas où je serais inculpé de délits positifs ou communs ne pourrait procéder à mon égard que dans les formes qui lui sont tracées dans la loi du 16 septembre 1791 et dans celle du 17 germinal dernier.

Au surplus, accoutumé depuis six ans à supporter avec courage les persécutions qui, dans tous les tems et dans tous les pays, ont été le patrimoine des défenseurs de la liberté, des proclamateurs des droits du genre humain ; fort de ma conscience et de mon immuable patriotisme, je dois à la vérité, je me dois à moi-même de repousser toute imputation dont l'effet serait d'accroître la prévention dont les siflemens de la calomnie et les vociférations de la vengeance cherchent à circonvenir jusque la pensée de la justice qui doit proclamer mon innocence.

Si, parmi mes compagnons d'infortune, il en est un seul qui ait pu se permettre quelque procédé de la nature de ceux dont le vague, que caractérise les motifs de votre délibération collective a, ou du moins semble avoir pour but d'appeler les soupçons sur ma tête, je l'ignore, je ne l'en crois pas même capable et dans tous les cas je ne puis en répondre.

J'observe en un mot, que si l'administration du département avait fait inscrire sa décision au bas de la pétition individuelle que je lui ai adressée hier, d'après la loi qui prescrit cette mesure salutaire, il résulterait de la comparaison de la demande avec la réponse, que ma pétition n'était pas seulement fondée sur la loi du 12 brumaire dernier, mais qu'elle avait pour base tous les décrets qui concernent la police des prisons ; qu'elle avait pour appui les principes, la justice, l'humanité qui distinguent le peuple français, qui devraient être la boussole et le seul guide des mandataires et des agens du gouvernement. Mais, je le répète une fois pour toutes, je m'honore d'avoir souffert, je souffre et je sçaurai souffrir encore toutes les persécutions, tous les actes arbitraires pour la cause sublime que j'ai embrassée et que je défendrai jusqu'à mon dernier soupir.

Vive la République démocratique. Vive à jamais le Peuple français.

MOGUE.

A la Citadelle de Mézières, le 13 floréal, l'an 3 de la République française (1).

(1) 2 mai 1795.

VII

Mogue, détenu à la citadelle de Mézières aux citoyens officiers municipaux de la même commune

Citoyens magistrats,

Je me fais un devoir de vous transmettre la copie de la pétition que j'ai adressée ce matin à l'administration du département des Ardennes pour détruire les impressions défavorables que pourraient jetter sur ma conduite et sur mes principes politiques les motifs calomnieux de sa décision du 12 du courant, donnée sur la demande que je vous ai faite et que vous lui avez renvoyée tendant à ce que je puisse, conformément aux lois et à la justice éternelle, communiquer avec ma famille et mes conseils, relativement à ma défense, à la gestion de mes affaires personnelles et à ma subsistance. Je réitère ma pétition et je compte trop sur la loyauté de votre caractère et sur la pureté de vos principes pour ne pas m'accorder la justice que je réclame et que la loi vous charge exclusivement, comme ayant la police immédiate des prisons, d'accorder à un républicain reconnu dont le sort est aussi cruel qu'immérité.

Salut et fraternité en la démocratie.

Mogue.

VIII

A la citadelle de Mézières, le 15 floréal, l'an III de la République une et indivisible.

Mogue à Boreux, greffier du Tribunal criminel du département des Ardennes.

CITOYEN DÉPOSITAIRE PUBLIC,

Je t'invite à m'envoyer de suite une expédition de la lettre que m'écrivit le tridi 13 messidor de l'an II le citoyen Sorlet, alors juge militaire relativement au jugement des membres du Conseil général de la commune de Sedan et du département du 10 août 1792. Cette pièce m'étant essentielle et nécessaire dans le moment actuel, et ne pouvant attendre pour en faire un usage indispensable que les papiers et les nombreuses preuves de mon innocence, de mon républicanisme et de mon intacte probité me soient parvenus. Je compte sur ton activité à souscrire à ma demande à laquelle tu ne peux te refuser. Il est temps que j'extirpe les germes des calomnies absurdes et atroces que mes lâches ennemis se sont plu à veiller sur ma conduite et sur mes principes de philantropie et de liberté ; il est tems que je cesse d'être en but aux poignards des coquins qui fuient la lumière et qui tremblent de juger en plein jour un représentant dont la vie toute entière est la censure vivante de leurs bassesses, de l'intrigue et de leurs complots ténébreux et sinistres.

Je t'invite aussi, Citoyen Greffier, à me faire connaître si tu as reçu les pièces patriotiques qui ont été prises dans le portefeuille et la malle que j'ai laissés, entr'autres effets, dans la prison que j'occupais à la citadelle de Sedan et sur lesquels les scellés ont été apposés pour la quatrième fois depuis ma nouvelle persécution, en mon absence et levés aussi en mon absence, je ne sçais en vertu de quelle autorité légitime. Il se trouve parmi ces pièces non seulement des titres de propriété, mais encore des écrits essentiels à ma justification dans le cas où je serais accusé et jusqu'à des poèmes civiques et des adresses à la représentation nationale. Si le résultat de cette nouvelle saisie n'était point parvenu à l'accusateur et ensuite déposé au greffe qui t'est confié, je demanderais que le tribunal se les fit transmettre exactement par l'agent national du district de Sedan à qui les juges de paix saississant l'ont remis, suivant que le constatent leur lettre du 9 floréal et leur procès-verbal du 23 germinal dernier. Je demande aussi que toutes les pièces (sans en excepter une seule), qui ont été saisies dans mon secret et dans ma Bastille, dans les trois précédens scellés soient rapportés au tribunal, car ce n'est ni à d'absurdes calomnies, ni à des lambeaux de mes écrits, ni à des extraits de mes lettres, ni au machiavélisme hypocrite des tyrans qui se vangent de mon courage et de mon incorruptibilité que je dois, que je veux, que je sçauroi répondre : c'est par le poids de la masse de toute ma vie politique et privée qu'il me faut accabler nos ennemis devant le tribunal qui devra me juger s'il y a lieu. Je t'invite donc à vouloir bien satisfaire à ce second objet de ma lettre ; quand au premier, je persiste à en réclamer le prompt accomplissement.

Salut et Fraternité,

MOGUE.

P. S. — Il est également essentiel que les mémoires, pétitions et lettres que j'ai adressées du fond de ma Bastille, soit à la Convention, soit à ses Comités de Salut public et de Sûreté générale depuis le 18 thermidor dernier, jour de mon arrestation nouvelle, ayent été jointes aux pièces de l'affaire qui me concerne.

IX

Égalité, Justice, Liberté.

Je soussigné Nicolas, Memmie Mogue, cultivateur, demeurant à Ville-sur-Lumes, commune rurale de Mézières, district de Charleville, département des Ardennes, ci-devant officier public et municipal au dit hameau de Ville-sur-Lumes et depuis le mois de vendémiaire jusqu'au mois de floréal de l'an II de la République, commissaire des Comités du gouvernement de la Convention nationale et de plusieurs représentans du peuple près l'armée et dans le département des Ardennes et de l'Ouest déclare par les présentes que je dépose au greffe du tribunal criminel ordinaire du département des Ardennes, être dans l'intention et la ferme résolution de me pourvoir en cassation dans les délais prescrits par la loi contre le jugement à moi notifié à l'instant par Fey, huissier du tribunal, en présence d'un officier municipal et rendu le 16 courant par le même tribunal, malgré les vives, légitimes et puissantes réclamations que je lui ai faites et adressées dans mes interrogatoires provisoires de pure formalité, lesquels j'ai subi devant lui les 22, 28 germinal dernier, 8 floréal présent mois, et depuis ; le dit jugement, rendu en contravention expresse aux lois de la République et spécialement aux décrets de la Convention nationale et de l'Assemblée constituante du 16 septembre 1791 sur la procédure par jurés et 17 germinal dernier sur le jugement des fonctionnaires publics, comme aussi aux loix qui déterminent les attributions exclusives et distinctes du tribunal révolutionnaire et des tribunaux ordinaires.

Je déclare que dans le délai prescrit par la loi, je déposerai au greffe du tribunal de Mézières la requête en cassation, expositive des moyens de fait et de droit que je produirai à son appui.

Je déclare que je renouvelle ici les dires, déclarations et protestations par moi faites dans les procès verbaux des interrogatoires que j'ai subis provisoirement et pour la forme seulement les dits jours, 22, 28 germinal et 6 floréal présent mois ainsi que dans les pétitions et lettres que j'ai adressées au tribunal, tous actes et procédures qui auraient été, seraient ou pourraient être hasardés à mon préjudice, au mépris de la suspension de la procédure que j'ai sollicitée jusqu'à la décision du Comité de législation auquel j'en ai demandé le renvoi, que j'ai constater dans les dits procès-verbaux d'interrogatoires.

Je déclare enfin protester de rechef contre les traitemens illégaux, arbitraires et tyranniques que j'éprouve dans ma prison, à la citadelle, par l'effet desquels il m'est impossible d'avoir la moindre communication avec un seul des paiens, conseils ou amis que la loi me désigne et m'accorde pour préparer, disposer et faciliter ma défense ; par l'effet desquels je ne puis même me procurer la remise et la possession des monumens nombreux, autentiques et positifs qui constatent ma probité, mon républicanisme et mes principes d'humanité et qui sont essentiellement indispensables à l'établissement de ma justification dans le cas où je serais accusé ; par l'effet desquels enfin je me vois après plus de neuf mois de cachots et de solitude, réduit à l'impuissance de me faire apporter de chez moi, les moyens de subsistances et les soulagemens nécessaires au soutien de ma débile existence comme au rétablissement de ma santé affaiblie et singulièrement altérée.

Fait à la citadelle de Mézières le dit jour, 19 et remis au greffe du tribunal des Ardennes, le décadi 20 floréal de l'an 3 de la République démocratique, une et indivisible, le tout sous la réserve expresse de mes droits et actions conforme aux loix commune à tous les français.

MOGUE.

X

Du 21 floréal (1).

Aux Citoyens Juges composant le tribunal de cassation.

Citoyens Magistrats,

Nicolas Memmie Mogue, cultivateur demeurant à Ville sur Lumes, canton rural de Mézières, district de Charleville, lors de son arrestation commissaire national, près le tribunal du district de Sedan, vous expose que le 16 floréal de l'an III, républicain, le tribunal criminel ordinaire du département des Ardennes a rendu contre lui un jugement qui porte, que malgré le décret du 17 germinal dernier concernant la forme de procédure dans les jugements des fonctionnaires publics, loi invoquée à grands cris par l'exposant, le tribunal passera outre à la suite et continuation de la procédure commencée contre lui et ses consorts suivant les formes révolutionnaires que prescrit cette loi ;

Que plongé depuis le 18 thermidor dernier dans l'horreur d'un cachot de la citadelle de Sedan, en vertu d'un ordre non motivé du Comité de Salut public du 16 de ce mois, il avait, en vain, sollicité par de nombreux mémoires et pétitions adressées au Comité de gouvernement l'examen sévère mais impartial de sa conduite publique et privée, lorsque la nuit du 21 au 22 germinal dernier, il se vît traduire de Sedan au tribunal criminel du département des Ardennes, en vertu d'un arrêté de renvoi pur et simple du Comité de Sûreté générale portant que l'exposant et plusieurs autres citoyens y dénommés, seront jugés sur les pièces tant à charge qu'à décharge qui ont été adressées au Comité par le Représentant du Peuple, Charles Delacroix, différentes autorités constituées, l'exposant et ses consorts comme prévenus, soit disant, des troubles, vexations et oppressions qui ont affligé le département des Ardennes.

L'exposant n'examinera pas s'il a jamais existé le moindre trouble dans un département qui n'a été agité que par l'invasion des féroces

(1) 10 mai 1795.

Autrichiens et des perfides émigrés ; d'un département qui, peut être, est celui de la République où le calme politique a été plus constant et où le gouvernement révolutionnaire ait le moins senti ses rigueurs. Il n'examinera pas non plus si n'ayant jamais exercé durant ce gouvernement aucune fonction publique dans le département des Ardennes, puisqu'alors il était employé à l'une des extrémités opposées de la République. Il n'a pu prendre part aux prétendues vexations et oppressions, aux troubles imaginaires dans lesquels des ennemis puissans et la vindicative aristocratie s'efforcent perfidement de lui faire jouer un rôle. Il se bornera seulement à développer avec précision les moyens de cassation d'un jugement qui ne porte avec lui aucun motif réel et plausible, qui n'est fondée sur aucune loi, d'un jugement que réprouvent et la justice et les principes et les loix de la République.

En vain l'exposant a-t-il soutenu dans plusieurs interrogatoires qu'il a subis sur la forme seule du procès, les 22, 28 germinal dernier et 8 floréal présent mois, qu'au tribunal révolutionnaire seul appartenait le droit exclusif de connaître des accusations de délits relatifs à la Révolution ; que le Comité de Sûreté générale n'avait sans doute ni voulu ni pu donner au tribunal des Ardennes une attribution qui ne peut être assignée que par un décret spécial du corps législatif dans des circonstances impérieuses et extraordinaires et par les loix préexistentes dans les cas ordinaires. En vain, l'exposant a-t-il invoqué à plusieurs reprises les loix qui déterminent impérieusement les attributions exclusives et distinctes du tribunal révolutionnaire et des tribunaux ordinaires. En vain a-t-il demandé que dans le cas où le tribunal de Mézières éprouverait quelque difficulté à déférer à sa juste réclamation, il consultât de suite le Comité de législation qui seul est chargé, spécialement par la loi, de la surveillance médiate des tribunaux civils et criminels ordinaires et que pour éclairer la religion de ce comité, le tribunal lui adressât l'expédition des interrogatoires et plusieurs autres pièces ; en vain a-t-il réclamé le bienfait du décret sage et tutélaire du 17 germinal dernier, qui veut que tous les fonctionnaires publics, avant d'être accusés et mis en jugement, ayent passé préalablement par la filière épuratoire des formes ordinaires qui sont tracées par la loi des 16 septembre 1791 sur la procédure par jurés ; aucune raison, aucun moyen de l'exposant n'a pu suspendre l'activité judiciaire du tribunal des Ardennes et le 16 floréal présent mois, il a ordonné qu'il passerait outre au jugement qui serait notifié à l'exposant.

Ce dernier a donc, par acte du jour d'hier déposé au greffe du tribunal, déclaré être dans la ferme résolution d'attaquer par la voie de la cassation, ce jugement contraire aux dispositions littérales, textuelles et impérieuses des loix et duquel l'exposant s'occupera de démontrer les vices dans le mémoire qu'il se propose de présenter additionnellement à la présente requête.

A ces causes, il plaira au tribunal de cassation, par les différens moyens qu'il présentera, par les autres causes et moyens qu'il plaira au tribunal suppléer de droit et d'équité, casser et annuller ledit jugement rendu par le tribunal criminel ordinaire du département des Ardennes le 16 et notifié le 19 floréal présent mois, à l'exposant, lui enjoindre de ne plus désormais franchir les limites qui circonscrivent sa compétence, mais de se renfermer strictement dans les bornes de leurs pouvoirs et de leur juridiction et ferez justice.

MOGUE.

XI

Mogue détenu au Comité de législation.

Citoyens Représentans,

En ajoutant à la pétition que je vous ai adressée, sous la date du 7 floréal présent mois, je crois essentiel de vous instruire de la conduite du tribunal criminel du département des Ardennes dans l'instruction du procès renvoyé à sa connaissance par l'arrêté du Comité de Sûreté générale du 15 germinal dernier, duquel nous avons demandé la suspension et le renvoi par devant un autre tribunal que celui des Ardennes.

En effet, Citoyens Représentans, ne seriez-vous pas étonnés, indignés même, si vous pouviez être témoins des procédés que mettent les hommes vindicatifs que nous avons pour juges, si vous les entendiez faire le procès de la Révolution dans l'instruction d'une affaire particulière à des citoyens en leur faisant des crimes des dénonciations civiques qu'ils ont dirigées contre des traîtres et des contre-révolutionnaires etc., des opinions qu'ils ont émises dans les Sociétés populaires, dans telle et telle circonstance en les interrogeant sur des motions et des opinions au lieu de se borner à les poursuivre sur des abus d'autorité, sur des faits positifs et prévus par les loix, s'il en existait à leur charge.

N'est-il pas également étrange d'*amalgamer* à la *Fouquier-Tinville*, des citoyens qui ne se sont jamais vus ni connus, qui sont domiciliés de différens points de la République, dans les divers districts de leur département et qui n'ont jamais eu ni fonction commune, ni relation ou correspondance entr'eux. Telle est néanmoins, Citoyens Représentans, la marche adoptée et suivie par les juges qui nous ont été donnés après neuf mois de réclamations. En effet, il n'est pas un seul de mes malheureux compagnons d'infortune avec qui j'ai partagé aucune fonction ou emploi public; il n'en est aucun avec qui j'ai entretenu ni délation ni correspondance quelconque ; il y a plus ; j'étais employé par le gouvernement et les représentans du peuple près l'armée de l'Ouest pendant les faits qui ont donné lieu au plus grand nombre des inculpations que nos ennemis ont fabriquées et dirigées en globe contre nous ; mes co-prévenus sont presque ous dans le même cas vis-à-vis les uns des autres.

Il est urgent, Citoyens Mandataires, que vous prononciez sur nos réclamations et que vous ordonniez au tribunal que vous nous désignerez de ne nous juger que sur des délits positifs ou communs prévus par les loix et non sur des motions de discours révolutionnaires, des opinions et des dénonciations civiques ; que vous lui défendiez toute espèce d'amalgame à l'égard de ceux d'entre nous qui n'ont point partagé les mêmes fonctions, qui n'ont eu ni relation, ni communication ou correspondance entr'eux. Il est essentiel, enfin, que vous nous renvoyez pardevant un autre tribunal que celui de la Meuse, parce que les pamphlets, qui ont circulé à torrent contre nous, étaient communs aux patriotes de ce département qui ont été, comme nous, arrêté par le Représentant du peuple Charles Delacroix.

Tel est le but de la présente pétition.

MOGUE.

De la Citadelle de Mézières du 25 floréal l'an 3 (1).

(1) 14 mai 1795.

XII

Au Citoyen agent national du district de Sedan.

Nicolas, Memmie Mogue, cultivateur, domicilié à Ville sur Lumes, actuellement détenu à la citadelle de Mézières, t'expose que le lendemain de son transfèrement de Sedan en cette commune, les juges de paix Cunisse et Ibert apposèrent, pour la quatrième fois, les scellés sur les effets et papiers que l'exposant a laissés dans la prison qu'il occupait à la citadelle de Sedan ; que les scellés ayant été levés le 23 germinal dernier, il fut procédé par les juges de paix à l'examen de mes papiers et à la saisie de ceux qui parurent mériter l'attention des magistrats examinateurs, mais l'exposant ayant écrit depuis aux juges de paix et au concierge, ci-devant préposé à sa garde et aujourd'hui dépositaire responsable de ses effets. Ils lui ont répondu que c'était par l'ordre de l'agent national du district de Sedan que les scellés avaient été réapposés sur les effets et sur la malle contenant les papiers de l'exposant et que c'était à ce fonctionnaire seul que ce dernier pouvait et devait s'adresser pour en obtenir la remise. L'exposant t'observe donc, Citoyen agent national, les nombreux certificats et décrets, que toutes les pièces à l'appui de sa justification étant renfermés dans la seule cassette laissée en la possession du portier de la citadelle de Sedan, l'exposant ne peut ni travailler à sa défense, ni être mis en jugement que cette cassette lui ait été transmise par quelques-uns de ses parens qui se rendront à Sedan pour cet effet et que cette remise n'ait été ordonnée ou autorisée par l'agent qui a requis l'apposition des scellés.

En conséquence, Nicolas-Memmie Mogue demande que l'agent national du district de Sedan veuille bien prescrire au citoyen Antoine Fontaine, portier de la citadelle de Sedan, de remettre sans délai à l'exposant la cassette qui est remplie de ses papiers, des mémoires, pétitions, certificats, commissions, états et décrets qui tous lui sont indispensablement nécessaire pour préparer, établir et perfectionner sa justification afin qu'il puisse prendre les mesures nécessaires au plus prompt transport de la cassette à mon adresse.

MOGUE.

Ce 27 floréal an III.

XIII

A la Citadelle de Mézières, le 2 prairial l'an 3 de la République démocratique, une et indivisible (1).

Mogue, Durège, Varroquier et Lefranc, aux citoyens composant la Commission des Administrations civiles, police et tribunaux.

CITOYENS COMMISSAIRES,

Malgré les ordres que vous annoncez par votre lettre du 28 floréal dernier, avoir donnés à l'accusateur public près le tribunal criminel et ordinaire du département des Ardennes de suspendre notre procédure et de vous faire passer les pièces à l'appui de la requête de cassation du jugement rendu contre nous le 16 floréal. L'accusateur public nous a fait notifier, hier 1er prairial, un volumineux acte d'accusation dont le stile et les assertions calomnieuses annonçent assez quelles sont les intentions de nos ennemis qui brûlent de se constituer nos juges. Nous sommes néanmoins instruits que vos ordres sont parvenus à l'accusateur public qui en persistant à nous poursuivre, prouve assez combien nos justes réclamations sont dignes de toute notre sollicitude. Nous n'avons pour la plupart subi aucun interrogatoire et certes si les formalités tutélaires prescrites par les loix des 17 germinal dernier et du 16 septembre 1791 eussent été remplies en notre faveur, il ne nous eût pas été difficile de repousser victorieusement les calomnies multipliées que nos ennemis furieux ne cessent de faire circuler contre nous à grands frais dans les communes du département des Ardennes. Nous vous le déclarons, citoyens commissaires, quelque puisse être les entreprises du tribunal, nous persisterons avec courage et avec le dévouement civique qui nous caractérise dans les protestations et les réserves que nous avons fait déposer au greffe du tribunal et consigner sur les procès-verbaux de ses séances ; nous le jurons devant la statue de la Liberté, nous

(1) 21 mai 1795.

sommes résolus de ne répondre à nos accusateurs que lorsque le vœu des loix que nous réclamons aura été accompli. Cependant, citoyens magistrats, les circonstances urgentes où nous nous trouvons, nous forcent à recourir de nouveau à votre justice et à vous inviter d'interposer promptement votre autorité pour que la voix de l'innocence ne soit point étouffée, pour que les loix ne soient plus méconnues, pour que la vertu ne soit point immolée à la rage du crime.

Les traitemens iniques que nous avons dit éprouver dans la prison où nous sommes entassés à la citadelle de Mézières sont toujours les mêmes, malgré les recommandations que vous avez adressées à l'accusateur public pour les faire cesser. Nous gémissons sous la verge despotique du commandant de la citadelle. Toujours retenus au plus grand secret, nous ne pouvons communiquer ni avec nos parens, ni avec le seul conseil ou défenseur. Nous sommes réduits à l'impossibilité cruelle de nous procurer les pièces et les moyens nécessaires à notre justification. C'est à vous, citoyens magistrats, qu'appartient le pouvoir direct de fraper la tyranie qui nous opprime, d'anéantir les abus, de nous soustraire à la férocité de nos bourreaux, de faire casser le jugement vexatoire du 16 floréal, de nous livrer promptement à un autre tribunal que celui des Ardennes et de nous faire recueillir enfin les bienfaits de la justice que nous invoquons depuis si longtemps et dont les vengeances personnelles, les haines aristocratiques et l'esprit de parti s'efforcent en vain de nous dépouiller.

Salut et républicanisme inaltérable.

MOGUE, DURÈGE, WARROQUIER,
SORLET, THOMASSIN, DELÉCOLE,
BOUCHER, LAMBERT, GALLET et
LEFRANC.

P. S. — Pour vous donner une faible idée du despotisme militaire que nous éprouvons, il est bon que vous sachiez que trois d'entre nous qui sont obligés de fumer pour leur santé ont été menacés hier, par le commandant d'être plongés dans les plus affreux cachots pour avoir dérobé au soleil, à l'aide d'une loupe, le feu qui devait allumer leur tabac.

XIV

Récusation de trois des juges du Tribunal des Ardennes.

Nicolas-Memmie Mogue, cultivateur, domicilié au village de Ville-sur-Lumes, canton rural de Mézières, lors de son arrestation et depuis un mois, commissaire national près le tribunal du district de Sedan, détenu sous le titre d'officier municipal de cette dernière commune (titre faux et supposé) depuis le 18 thermidor de l'an II dernier, retenu au plus grand secret à la citadelle de Mézières et traduit au tribunal criminel du département des Ardennes, par arrêté du Comité de Sûreté générale en date du 15 germinal dernier, déclare par les présentes récuser, comme ses juges dans cette affaire, les citoyens Féart, président, Pauffin-Desté et Copin pour les motifs que voici :

Le déclarant récuse le citoyen Féart, président, comme étant son ennemi depuis longtems et notamment depuis le mois de juillet 1792, mais plus particulièrement encore depuis que le dit Féart a été destitué, arrêté et traduit au tribunal révolutionnaire par arrêté du Représentant du Peuple Levasseur, dont le déclarant a été le commissaire dans plusieurs districts du département des Ardennes et dont il a obtenu la confiance pour les fonctions de commissaire national à Sedan.

Il récuse le citoyen Pauffin-Desté, frère de Pauffin, l'accusateur public, comme ayant été destitué par le Représentant Levasseur, sur les renseignemens et les vœux recueillis par le récusant de la bouche des meilleurs patriotes des communes du district de Rethel et remis au Représentant du Peuple, dont le récusant était le commissaire *ad hoc* suivant son arrêté, en forme de commission, du 21 prairial dernier, enregistré à Rethel, à l'administration du district et à la municipalité de cette commune comme étant, le dit Pauffin-Desté, le frère de l'accusateur public au même tribunal, comme ayant, le dit Pauffin-Desté, dans l'interrogatoire de Thomassin, du 16 courant, manifesté la prévention et la partialité les plus caractérisées contre le récusant.

Il récuse le citoyen Copin comme ayant été chargé, en sa qualité de commissaire nationale de l'exécution d'un mandat d'arrêt décerné par le Représentant du Peuple Levasseur, contre les nommés Paul Robert, de Vonc et Deville, de Tourteron, deux des principaux prévenus dans le fameux procès d'agiotage, de trafic et de dilapidation des domaines nationaux traduits au tribunal révolutionnaire et depuis traduits par décret de la Convention nationale devant le Tribunal criminel du département des Ardennes dans lequel procès a été impliqué le dit Copin.

Nicolas-Memmie Mogue récuse aussi la totalité du Tribunal parce qu'étant domicilié à Ville-sur-Lumes, canton rural de Mézières, où il siège, il en a le droit d'après l'article 3 du titre VI, de la loi du 16 septembre 1791, qui lui accorde de se faire juger par un des tribunaux voisins de celui des Ardennes ; il le récuse en totalité pour avoir laissé transpirer de la prévention, de la partialité, de l'acharnement dans le cours des procédures préliminaires et de pure formalité qui ont été commencées contre le récusant, soit en refusant de consulter le Comité de législation suivant ses vives réclamations, soit en interceptant les déclarations et requêtes en cassation, qu'il a fait déposer au greffe du Tribunal au lieu de les expédier promptement pour leur destination aux termes de la loi, suivant qu'il est constaté par la déclaration même du citoyen Boreux, greffier en chef, consignée hier sur le procès-verbal des dites protestations du récusant qui l'a signé avec ce greffier et l'huissier Fey.

D'après lesquels faits et motifs nouveaux, le récusant en persistant dans tous ses dires, protestations et déclarations précédens, déclare protester de nouveau de nullité et d'incompétence contre tous actes, procédures, listes de jurés et autres tentatives qui auraient été ou seraient hazardées contre lui en contravention aux décrets du 16 septembre 1791, du 17 germinal dernier, du 20 floréal courant, à l'article 6 du décret du 1 brumaire de l'an II ; à la loi du 11 mars 1793, à celle du 27 du même mois art. 4, aux articles 1 et 2 du titre 4 de la loi du 16 septembre sur la procédure par jurés, à l'art. 4 du titre V de la même loi ; au décret du 15 février de l'an 2 ; à l'article 1er du titre VI de la même loi du 16 septembre 1791 ; aux articles 1 et 2 de la loi du 19 floréal an II, aux articles 1, 2, 3, du décret du 8 nivôse de l'an III ; aux articles II de la section 2e, et 15 de la section 3e du décret du 14 frim., de l'an II, sur l'établissement du gouvernement révolutionnaire et a, le récusant, signé le présent acte de récusation et de protestation pour être déposé au greffe du tribunal, annexé aux pièces et communiqué dans le jour aux juges composant le tribunal.

Fait à la citadelle de Mézières, au plus grand secret, le nonidi vingt-neuf floréal de l'an III de la République démocratique, une et indivisible.

Mogue.

XV

Mogue, détenu à la citadelle de Mézières aux citoyens juges, accusateur public et président du tribunal criminel ordinaire du département des Ardennes.

Citoyens organes et ministres de la Justice,

La Société qui poursuit le crime, protège l'innocence opprimée, elle venge la vertu persécutée dans la personne des citoyens qui la composent ; la loi, qui accuse, doit prouver les délits avant de les punir, mais elle doit, elle veut aussi, tout en recherchant le crime fournir, à l'homme qu'elle poursuit, les moyens de faire éclater son innocence ; ces principes sont de tous les tems et de tous les pays civilisés ; il m'est permis d'en réclamer en France l'application.

Je lis dans l'acte d'accusation que m'a fait signifier l'accusateur public, entr'autres imputations dont j'espère démontrer victorieusement le vague, la fausseté et l'absurdité, si la prévention publique que depuis longtems la vengeance, les passions haineuses et la rivalité ont provoqué contre moi, de concert avec quelques vociférations du royalisme et les suppôts de l'aristocratie m'en laissent le tems et la libre faculté. Je lis un chef d'accusation aussi terrible qu'il est étrange ; *c'est d'avoir, dit-on, fait périr avec Baraux, dans les contrées de l'Ouest, 32.000 personnes par la fusillade et 8.000 et plus par la guillotine* ; et dans une ligne plus bas : *d'avoir avec Baraux fait guillotiner près de 9.000 personnelles (sic) et fusiller 21.000.*

Mais l'incohérence, la contradiction et l'absurdité notoire de cette assertion, bien qu'elle ne soit point une des accusations dirigées contre moi, n'en laisserait pas moins des impressions défavorables et meurtrières dans l'opinion publique, si je n'en démontrais jusqu'à la conviction, l'imposture et la calomnie. Je suis encore présenté dans l'acte d'accusation dirigée contre moi : *comme ayant enlevé des dépouilles d'églises, sans en avoir rendu compte et cela de concert avec Baraux*, qu'on prétend s'en être approprié une partie. J'ignore qui a pu donner lieu à des imputations aussi mensongères, mais il m'importe, il importe à la Société que je sois convaincu ou innocenté de pareilles accusations. Si dans le cours de mes missions près l'armée de l'Ouest, j'ai concouru à faire noyer, fusiller ou guillotiner un seul homme ; si j'ai pénétré, ordonné l'ordre de pénétrer dans une seule église, si j'en ai enlevé ou fait enlever un cierge, une étolle ou un goupillon, je dois, je veux subir la peine prescrite par la loi ; mais, si ma conscience est sans reproche, comme mes mains sont pures, la Société, la justice me doit la réparation des calomnies qui font planer d'odieux soupçons sur ma tête. Et comme cette dernière proposition est sans doute comme sans contradiction, je demande, qu'à la diligence de l'accusateur public, les preuves testimoniales et littérales de ces imputations homicides soient à l'instant recueillies dans tous les départemens de l'Ouest que j'ai parcourus ; je cite à cet égard ceux d'Indre-et-Loire, de la Sarthe, de Maine-et-Loire, de la Mayenne et de la Loire-Inférieure, et je porte à tous mes ennemis les plus implacables, le défi formel de produire, je ne dis pas une seule preuve, mais le moindre indice qui puisse élever contre moi le plus léger soupçon, que j'ai prononcé la mort d'un seul françois, que j'ai porté ou fait porter une main spoliatrice dans une église, dans la moindre chapelle. Ces objets n'étaient nullement dans ma mission qui se bornait à la propagation des principes de la démocratie, de la justice, de la vérité, à la surveillance des fonctionnaires perfides ou prévaricateurs, à fraterniser avec les sociétés populaires, les autorités constituées, avec les Républicains et à concourir *moralement* avec les représentans du Peuple, au salut de la Patrie et au maintien de l'ordre public.

Je demande donc, citoyens magistrats, qu'il soit sans délai, écrit à la diligence de l'accusateur public aux autorités constituées des départemens que j'ai désignés et à tous ceux des environs qu'il plaira au tribunal, afin que la vérité resplendisse dans tout son éclat, afin que l'opinion du peuple et celle de mes juges ne soit plus incertaine, afin que la justice puisse me confondre ou m'absoudre. J'ai droit de compter sur la justice du tribunal ; je l'invoque au nom de l'humanité, au nom des droits sacrés de l'homme.

MOGUE.

A la citadelle de Mézières le tridi, treize prairial de l'an 3 de la République démocratique une et indivisible.

XVI

A la citadelle de Mézières le 18 prairial de l'an III de la République une et indivisible (1).

Mogue aux Président et juges du tribunal criminel ordinaire du département des Ardennes.

CITOYENS MINISTRES DE LA JUSTICE,

Déjà je vous ai demandé de faire venir des Comités du Gouvernement de la Convention Nationale les nombreuses pièces que je leur ai adressées avant et depuis le 9 thermidor dernier, soit comme citoyen, soit comme fonctionnaire public ; je me plais à croire que vous n'aurez pas négligé de remplir, à l'égard d'un républicain accablé sous le poids de la calomnie et des préventions populaires, un devoir aussi sacré qu'il est délicat, qu'il est indispensable. Et certes, si vous aviez eu plutôt sous les yeux les mémoires, les adresses, les pétitions nombreuses que j'ai adressées à la Représentation nationale et à ses comités avant et depuis le mouvement révolutionnaire du 9 thermidor, je n'aurais pas eu la surprise de lire dans l'accusation dirigée contre moi des imputations d'autant plus étranges qu'elles sont plus atrocement calomnieuses et démenties par l'invincible vérité ; d'autant plus funestes que la calomnie qui poursuit un citoyen, contemple son activité en raison des passions qui en sont les organes, de l'intérêt qui la proclame et des motifs secrets qui la dirigent ou l'alimentent.

Si la censure des fonctionnaires publics est une des garanties des droits du peuple dans les républiques, il n'est pas moins juste que tout citoyen, qui a été chargé de missions nombreuses et importantes, ait aussi la garantie contre l'oppression de ceux qui gouvernent et contre les passions haineuses, les vengeances particulières et les fureurs de parti ; dans un pays où le fonctionnaire et le magistrat du peuple sont sans garantie contre les projets de l'ambition et contre les usurpations du pouvoir, il ne peut y avoir

(1) 6 juin 1795.

ni sureté, ni liberté, ni justice pour les citoyens qui ont le courage de se dévouer à la défense des droits du peuple et au maintien des loix qui sont l'expression de sa volonté souveraine.

Oui, citoyens juges, je le répète, si l'accusateur public, qui me poursuit, eut recherché, réclamé les pièces que j'ai indiquées au tribunal, il ne m'aurait point imputé des faits qui me sont absolument étrangers et dont l'influence que leur publicité répand dans l'opinion publique peut avoir des suites aussi funestes qu'irréparables ; ce n'est pas la loi, ce n'est pas la présence de la justice qui m'intimide. Dès longtemps, je sollicitais à grands cris de paraître devant, de subir à son tribunal l'épuration la plus sévère mais aussi la plus impossible ; l'homme de bien, qui a fait son devoir, qui n'a consulté que son zèle et sa conscience, qui n'a suivi que les loix de son pays ne peut qu'aspirer au moment de faire éclater son innocence ; il ne craint rien ; les menaces qui retentissent à ses oreilles, les coups qu'on lui prépare, les couteaux qu'on éguise contre sa poitrine ne sçauroient troubler la paix d'une conscience pure et sans reproche. Cependant, Citoyens Magistrats, un républicain a droit de conter d'autant plus sur les loix et sur la garantie sociale, que les emplois qu'il a remplis ont été plus fréquens et plus périlleux. Je crois avoir droit de réclamer en ma faveur l'application de ces principes éternels incontestables.

L'on m'accuse d'avoir dénoncé et trainé à l'échaffaud les membres du département des Ardennes et de la Municipalité de Sedan qui étaient en exercice à l'époque du mois d'août 1792. Et cependant, il est constant, et cependant des pièces convictives du procès prouvent que je n'ai point pris part et n'ai pu prendre aucune part à la dénonciation, à l'arrestation, au jugement de ces individus puisqu'à l'époque de ces évènemens j'étais depuis dix mois absens des frontières des Ardennes, puisqu'à cette époque, j'étais proscrit par les principaux membres du gouvernement, puisque par leur ordre, je gémissais dans les cachots, je partageois les fers de ceux dont mes ennemis m'imputent aujourd'hui la dénonciation civique, les pièces qui ont basé, motivé leur arrestation ; les arrêtés du Comité de Sûreté Générale ou des Représentans du Peuple ont dû être représentés au tribunal ; on voudrait tirer la preuve de cette assertion mensongère d'un tableau que j'adressai aux Comités du Gouvernement en lui envoyant le compte de ma vie politique en exécution de l'arrêté du Comité de Salut Public du 16 thermidor de l'an II. On va jusqu'à qualifier ce tableau de liste de proscription contre des hommes que le glaive de la loi avait frapés plus de trois mois avant son existence, mais on se garde bien de développer le tems, les motifs, les causes, les circonstances, les autorités qui, précédé, accompagné, provoqué, légitimé, ordonné, nécessité les mesures que j'ai prises et les actes publics ou politiques que j'ai exercés contre les différens individus nommés dans le tableau du 18 fructidor dernier.

Si le tribunal avait fait cette recherche dans toutes les pièces qui devaient constituer le procès qu'on m'intente ; si j'avais été interrogé, si les formes salutaires de la justice avaient été observées à mon égard, il est certain que mon accusateur ne m'aurait point imputé une multitude de faits qui me sont étrangers et qui ne peuvent servir qu'à diriger contre moi les couteaux de la vengeance et les fureurs de l'opinion publique, il est certain que j'aurais démontré jusqu'à l'évidence que si j'ai dénoncé civiquement les administrateurs de 1792 ça n'a point été à l'époque de leur arrestation, que çavait été dès les premiers jours de juillet 1791, lors de la trahison de l'infâme Lafayette et de la rébellion des administrateurs qui ont méconnu l'autorité de la Représentation nationale et la souveraineté du Peuple. Les pétitions que j'adressai dès lors à l'Assemblée législative, le mémoire que je rédigeai, le discours que je prononçai à la fin d'août 1792 devant les représentants Isnard, Quinette, Baudin aux ci-devant capucins de Rethel, où je m'étais retiré par la voiture publique pour me soustraire à la fureur des satellites du traître Lafayette, en sont des monumens autentiques, irréfragables. Quand aux administrateurs de 1793, ils furent dénoncés par le Comité de Salut Public de Mézières, à la Convention Nationale, à son Comité de Salut Public et aux représentans du peuple Sébastien Delaporte et Hentz, dès les moys de mai et de juin 1793 ; les persécutions, les proscriptions, les périls qui m'entouraient de tous côtés sur cette frontière à l'époque et à la suite du 31 may m'ayant forcé de quitter le département pour ma sureté personnelle, je me réfugiai à Paris et je proclamai à la barre de la Convention l'historique des actes arbitraires, des attentats et des injustices dont j'avais été l'objet et la victime ; j'invoquai la justice et la protection des mandataires du peuple et dès lors le gouvernement auquel elle me renvoya me plaça sous la sauve-garde des loix en m'éloignant des Ardennes par une mission qui me fût confiée, il me garantît des persécutions qui depuis longtemps étaient devenues mon unique patrimoine, le seul prix de mes travaux patriotiques ; mais ce ne fut point par l'effet de mes plaintes que cette administration fut destituée et incarcérée. L'arrêté des Représentans du Peuple Bô, Hentz et Coupé (de l'Oise) en date du 3 brumaire de l'an second en est la preuve irrésistible. Quand aux noms des autres citoyens que j'ai placés sur le tableau dont il s'agit, ils sont ceux d'individus que je n'ai point dénoncés personnellement, si l'on en excepte une dizaine, mais contre qui j'ai mis à exécution les ordres, les arrêtés, les commissions des Comités de gouvernement, de représentant du peuple et des Administrations du département de 1793 ou contre qui j'ai été appellé et entendu en témoignage soit à Paris, soit à Mézières, soit à Charleville, soit à Sedan par les Comités et sur les réquisitions des Comités de Salut Public et en vertu d'ordre de Représentant du Peuple et des Administrateurs du département de 1793. La lettre d'envoi de ce tableau, que du fond de mon cachot j'adressai de Sedan le 18 fructidor dernier au Comité de Sûreté générale et à celui de Salut public contient le développement des vérités que je viens d'énoncer ainsi que les motifs qui m'ont déterminé à dresser ce tableau, pour prouver au gouvernement qu'ayant été chargé de missions nombreuses sur cette frontière, que les circonstances et mes devoirs m'ayant obligé d'y développer la sévérité des lois et d'y professer le langage de la vérité et d'y faire l'application des principes austères de la démocratie, j'avais dû m'y faire beaucoup d'ennemis et que mon arrestation n'était et ne pouvait être que l'effet des vengeances, des haines et des intérêts particuliers ; la loi, la justice, veulent donc que le tribunal se fasse représenter toutes les pièces, tous les renseignemens qui constatent tous les faits que je viens d'énoncer. Les Comités de surveillance de Mézières, Sedan et Charleville, les Comités de Sûreté générale et de Salut public de la Convention Nationale en étaient dépositaires ; les registres de l'administration du département des Ardennes ; les procédures qui sont dans les Archives du greffe du tribunal des Ardennes, les papiers et les pièces du ci-devant Comité de Salut public de Mézières dont Vassant est demeuré dépositaire en contiennent aussi des preuves invincibles. Le tribunal, dont le devoir est de se procurer tous les moyens de connaître la vérité, n'aura pas oublié de réclamer les pièces et de se faire représenter les régistres qui peuvent et doivent opérer sa manifestation. Déjà, j'ai fait déposer au Greffe du tribunal, le 16 floréal dernier, une pétition tendant au même objet. S'il n'était point rempli, ou s'il ne l'était qu'en partie, les juges devant qui je suis traduit sentiront que ma réclamation est trop juste, qu'elle est trop légitime pour n'être point accueillie.

Je m'en repose donc avec confiance sur la justice, sur la loi, sur les droits sacrés de l'humanité.

MOGUE.

XVII (1)

Par devant les notaires et..... (en blanc).

Est comparu Nicolas-Memmie Mogue, cultivateur à Ville-sur-Lumes et ci-devant commissaire national du tribunal du district de Sedan, détenu à la citadelle de Mézières.

Lequel a, par ces présentes, choisi et nommé pour son fondé de pouvoirs spécial le citoyen....

Auquel il donne pouvoir exprès par ces présentes de se transporter, sans délai, en la commune de Sedan et là de présenter au procureur sindic du district de cette commune la pétition du comparant tendant à la levée du scellé apposé le 23 germinal dernier sur la cassette restée en la charge et responsabilité du citoyen Antoine Fontaine, concierge de la maison de détention, ci-devant occupée par le comparant en la citadelle de Sedan, de se faire remettre la ditte cassette, en donner décharge au dépositaire sur le procès-verbal laissant jusqu'à nouvel ordre les autres meubles et effets en la garde dudit dépositaire, de faire transporter sans délai et remettre au comparant, en présence de la municipalité, la cassette dont il s'agit après avoir pris les précautions convenables pour que rien ne puisse s'égarer des papiers, pièces et écrits qu'elle contient et qui sont essentiels et indispensables à la justification du comparant, qui donnera reçu et décharge à son fondé de pouvoirs de la dite cassette à l'instant qu'il la lui remettra à la citadelle de Mézières. Promettant le comparant approuver et ratifier ce qu'aura fait et signé son fondé de pouvoirs en vertu et en exécution des présentes et le satisfaire de ses salaires, et des frais légitimes de son voyage.

Fait et passé à Mézières...

(1) L'original porte en note : Remis le 18 prairial (*a*) au notaire Mahaud, de Mézières.
(*a*) 6 juin 1795.

XVIII (1)

A la citadelle de Mézières, le 21 prairial de l'an III de la République une et indivisible (2).

Mogue, détenu, au citoyen président du Tribunal criminel du Département des Ardennes.

CITOYEN PRÉSIDENT,

L'huissier Fey m'a notifié, le 19 de ce mois, une liste de témoins qui sont désignés comme devant être entendus dans le débat de mon procès. Des motifs légaux et péremptoires me déterminent à récuser ceux d'entr'eux qui se sont montrés mes ennemis mortels, mes dénonciateurs et qui sont tellement liés à des individus qui figurent dans l'accusation dirigée contre moi, que leur témoignage doit être rejetté par la justice, par la raison et la délicatesse.

Je lis dans la liste de ces témoins, le nom du nommé Gibout, étapier à Sedan, cousin germain de Gibout-Verbon, guillotiné, qu'on m'accuse d'avoir conduit à l'échaffaud, et frère de Gibout, receveur, qui se trouve compliqué gravement dans une déclaration que j'ai été requis de faire au Comité de surveillance de Sedan, contre un nommé Herbulot. Ce témoin peut-il être entendu contre moi ? La saine équité s'y oppose ainsi que les loix.

Clairon, administrateur, ne peut tester contre moi, attendu qu'il est cousin de Deshayes, qu'on m'accuse d'avoir fait arrêter et conduire à l'échaffaud.

Les citoyens Loreillère et Laneaux, agents de police de la commune de Sedan, ne peuvent tester contre moi puisqu'ils sont

(1) L'original de cette pièce porte la note ci-dessous : « Ce n'est que lorsque les témoins ont déposé que les accusés peuvent dire contre eux personnellement, aussi bien que contre leur témoignage tout ce qu'ils jugent utiles à leur défense ; les reproches que propose le citoyen Mogue sont donc prématurés ; il ne peut les proposer que lors des débats ; pourquoi je lui renvoie sa pétition qui les contient, comme pouvant servir de renseignement soit à lui, soit à son conseil.

Mézières, ce 23 prairial an III (*a*).

FÉART.

(2) 9 juin 1795.

(*a*) 11 juin 1795.

mes dénonciateurs, suivant que le prouve leur dénonciation en date du 16 brumaire de l'an 3.

Onézime Fisson, dit Ferdinand, ne peut tester contre moi, parce que j'ai porté contre lui des plaintes pour les mauvais traitemens et les vexations qu'il me faisait éprouver dans ma prison, à la citadelle de Sedan, et qu'alors il me menaça, dans mon cachot même, de me transpercer de son sabre qu'il tenait à la main nu et dirigé contre ma poitrine parcequ'il s'est permis avec d'autres de ses canonniers de soustraire les journaux qui parvenaient à mon adresse, notamment le *Républicain français*.

Les citoyens Bourquin, Robert, Tancin, Blanchot ne peuvent tester contre moi, comme étant mes ennemis déclarés et capitaux, suivant leurs dénonciations calomnieuses qui ont circulé contre moi après la journée du 31 may et dont ils étaient signataires ; comme m'ayant dénoncé à l'assemblée illégale et inconstitutionnelle qui eût lieu à Mézières le 27 may 1793, suivant qu'il résulte des procès-verbaux dressés ce jour par l'administration du département d'une part, et de plusieurs commis de district, et de l'autre, par les membres du Comité de Salut public, alors existant à Mézières comme ayant été le dit Tancin dénoncé par mes collègues et moi, pour avoir, la nuit du 2 au 3 juillet 1793, attenté à notre liberté et à notre sûreté individuelle à l'auberge des cy-devant Trois-Roys, au Pont-de-Pierre, nous avoir arraché de notre domicile et m'avoir porté un coup de sabre au millieu du faux-Bourg où lui et ses coopérateurs m'avaient traîné et en s'écriant au moment qu'il me porta le coup : « Ah grand bougre, il n'y a pas tant de choses à faire, il faut que tu y passes » ainsi que le tout est constaté par procès-verbaux consignés sur les registres du ci-devant Comité de Salut public et dans l'information faite par les Représentans Calès et Massieu, le 4 juillet 1793, au Palais national, à Mézières, information faite contradictoirement entre Tisseron père, président, et Routa, administrateur, Baraux et Enouf, mes collègues au Comité, en présence du commandant de la Place, Pascal, et du citoyen Huet, commis au département, servant pour lors de secrétaire aux Représentans. Au surplus, les quatre citoyens Bourquin, Robert, Tancin, Blanchet, ayant été, et étant encore pour quelques-uns, les commis et les protégés des administrateurs dénoncés par le Comité dont j'étais membre ; et Bourquin ayant été la créature et le protégé de la vicomtesse d'Ambly, dont j'ai requis l'arrestation comme prévenue d'émigration, de distribution de faux assignats, de correspondances et intelligences liberticides ; il serait injuste et contraire aux loix d'entendre en témoignage contre moi des hommes que tout concourt à constituer mes ennemis déclarés et qui en ont donné des preuves autentiques et invincibles.

Le témoin Isaac m'ayant forcé à porter des plaintes contre lui au commandant de la Municipalité de Sedan pour les actes arbitraires et les vexations qu'il s'est permis avec Ferdinand (1), ne peut; non plus que l'autre, être admis à tester contre moi.

D'après les faits, motifs et raisons ci-dessus raportés, Nicolas-Memmie Mogue demande qu'il plaise au tribunal rejetter de la liste des témoins désignés pour être entendus contre lui, le 25 du courant et jours postérieurs, comme étant des ennemis jurés et capitaux, ses dénonciateurs ou comme ayant été dénoncés par lui, les citoyens Gibout, étapier ; Loullière, Laneau, agents de police, Onésime Tisset et Ferdinand Isaac, fusilier demeurant à Sedan ; Bourquin, Robert, Tancin et Blanchet, domiciliés à Mézières ; Clairon, administrateur à Rethel.

Protestant au surplus contre l'audition des mêmes témoins et se réservant de développer, s'il en était besoin, de plus amples motifs de récusation contre les témoins ci-dessus nommés et vous ferez droit.

MOGUE.

(1) Il y a là une confusion entre les noms. Il semble, d'après ce qui suit et ce qui a été dit déjà que Isaac a pour prénom Ferdinand ; que celui désigné ici sous le nom de Ferdinand serait Onésime Tisset.

XIX (1)

A la citadelle de Mézières, le 24 prairial de l'an III de la République française une et indivisible (2).

Mogue, détenu, aux citoyens Représentans du Peuple composant le Comité des procès-verbaux et décrets de la Convention nationale.

CITOYENS REPRÉSENTANS,

Je vais être mis en jugement, j'ai besoin pour ma justification de deux extraits de procès-verbaux de la Convention nationale que je vais vous désigner et que je vous prie de me faire expédier sans délai.

1° Faites-moi expédier l'extrait du procès-verbal de la séance du 3 septembre 1793, inséré au premier supplément du *Bulletin* de la Convention où je lui annonce *comme maire* de la commune champêtre de Ville-sur-Lumes, que les Sans-Culottes des six districts du département des Ardennes ont devancé l'exécution du décret du 17 du mois d'août, et

2° L'extrait du procès-verbal de la séance du 30 frimaire de l'an II, où j'annonce comme commissaire délégué dans les départemens de l'Ouest, que les mesures qui viennent d'être prises à Saumur et à Angers y ont produit le meilleur effet et que, dans des visites domiciliaires, il a été trouvé et confisqué au profit de la République des dépôts précieux appartenant à des émigrés et des déportés, etc.

Je compte, citoyens représentans, sur votre active sollicitude, sur votre justice à me faire expédier de suite les deux extraits que je réclame et qui doivent concourir à la justification d'un républicain malheureux.

Salut et républicanisme, MOGUE.

(1) En marge de l'original, on lit : Renvoyé au citoyen Baudin, pour y faire droit s'il y a lieu. Ce 29 prairial an IIIe de la République française (*a*).

GOMAIRE et CORNILLEAU.

Plus bas :

Il n'est point fait mention aux procès-verbaux de la Convention nationale des 3 septembre 1793 (v. s.) et 30 frimaire an II des annonces contenues dans cette lettre.

L'un des Représentans du Peuple, commissaire aux archives remplaçant l'archiviste absent. P.-C.-L. BAUDIN.

(2) 12 juin 1795.

(*a*) 17 juin 1795.

XX (1)

A la Citadelle de Mézières, le 10 messidor de l'an 3 de la République, une et indivisible (2).

Mogue, détenu, aux Représentans du Peuple composant les Comités de Salut public, de Sûreté générale et de Législation.

CITOYENS REPRÉSENTANS,

Arrêté le 18 thermidor dernier par ordre du Comité de Salut public ou plutôt à l'instigation des Collot d'Herbois, des Barère, des Billaud-Varennes, de Robert Lindet, des Thuriot, etc., à la proscription desquels j'avais échapé deux fois, comme par prodige, avant la journée du 9 thermidor, j'obtins enfin, après une foule de pétitions à la Convention et à ses Comités de gouvernement, d'être mis en jugement devant le tribunal criminel ordinaire du département des Ardennes. Mais devais-je m'attendre, d'après les loix communes à tous les Français, d'être accusé, jugé par des hommes que les loix m'avaient forcé d'accuser eux-mêmes, qui m'ont dénoncé, qui ont des haines individuelles à satisfaire, des malheurs personnels, des parens et des amis à venger ; devais-je m'attendre d'être mis en débat avec des faux témoins, avec mes dénonciateurs, mes proscripteurs, mes assassins ? Que diriez-vous, que penseriez-vous, citoyens représentans, si vous pouviez être témoins des calomnies atroces, incohérentes, absurdes que mes accusateurs ont versées et versent sur ma conduite politique ; si vous entendiez un accusateur que j'ai fait promouvoir aux fonctions qu'il exerce, présenter à mes juges dans une *acte d'accusation imprimé*, des dénonciations civiques comme des assassinats ; l'obéissance aux décrets de la Convention et aux arrêtés de ses commissaires comme des actes arbitraires, des vexations, des oppressions, des complots ; si vous l'entendiez me

(1) En marge de l'original : Remis les trois paquets à Lambert, commissaire-ordonnateur à l'armée des Ardennes, mon co-accusé pour les transmettre à leur destination.

(2) 28 juin 1795.

faire jouer le rôle de dix Carrier sur les bords de la Loire, où m'avait envoyé l'ancien gouvernement mais où contre ses vues, je me bornai à propager les principes et à professer les maximes de la liberté, de l'égalité et de la fraternité, à porter l'instruction publique et le républicanisme dans l'âme égarée des crédules habitans de l'ouest, où j'eus le courage de démasquer les Ronsin, les Rossignol, les Santerre, les Huchel, les Grignon ; de dénoncer leurs brigandages, leurs attentats dévastateurs, leur despotique immoralité, leur ineptie sanguinaire et liberticide ; où pour avoir répandu à flots dans six départemens, la déclaration des droits de l'homme, l'acte constitutionnel et de nombreux écrits philantropiques, je me vis proscrire par le Comité décemviral pour prix de mes veilles, de mes efforts, de mes sacrifices. Eh bien ! citoyens Représentans, apprenez avec surprise, avec indignation que sans preuve, sans la moindre présomption, l'accusateur qui me poursuit moins pour me faire procès de délits imaginaires que pour venger la mort d'un complice du tyran Capet, nommé Roze, son parent, ex procureur général syndic de la Marne, à l'époque de la désertion du traître, n'a pas rougi de m'assassiner moralement dans l'opinion de mes concitoyens, en m'accusant d'avoir fait périr par la noyade, la fusillade et la guillotine, 40,000 individus sur les bords de la Loire, en puysant des motifs spéciaux d'accusation dans les écrits révolutionnaires, dans des opinions énergiquement patriotiques, dans des lettres amicales et confidentielles, dans des mémoires et dans des adresses rédigées au fond de mon cachot pour ma justification. En présentant à mes juges, comme une liste de proscription, un tableau nominatif que j'adressai du fond de ma prison souterraine au Comité de Sûreté générale, sous la date du 18 fructidor dernier, pour lui faire connaître qu'ayant été chargé de missions importantes et nombreuses par l'administration de mon département, par douze Représentans du Peuple qui se sont succédé et sur les bords de la Meuse et dans les départemens de l'Ouest et par les Comités de gouvernement, j'avais dû dénoncer, arrêter et poursuivre devant les loix, depuis 1789 jusqu'à mon arrestation, 136 individus plus ou moins traîtres conspirateurs ou contre-révolutionnaires, qui sont nécessairement mes ennemis jurés et qui n'ayant pu me corrompre, ni altérer mon républicanisme, ni ébranler ma fidélité envers ma Patrie. Si vous l'entendiez enfin m'accuser de conspiration de prison pour avoir porté des plaintes énergiques contre mes oppresseurs qui, malgré les loix et les ordres du gouvernement, m'ont pendant 9 mois détenu seul au secret le plus tyrannique dans un cachot humide et méphitique de la citadelle de Sedan afin d'ensevelir avec moi la vérité, la sauvegarde du peuple et de son indépendance.

Citoyens Représentans, mes mains sont pures, ainsi que ma conscience. Depuis six ans, j'ai consacré tout mon tems, toutes mes pensées, toutes mes actions au service de la Patrie ; j'ai fait pour la cause du peuple, le sacrifice de ma faible fortune et de ma santé robuste ; mais plus j'ai dû développer d'énergie, de courage dans les périls publics, contre les ennemis du peuple, plus j'ai fait preuves de désintéressement et d'incorruptibilité, plus je suis exposé à devenir la victime des haines aristocratiques, des vengeances particulières et des fureurs de parti. Au reste, comptez, Citoyens Représentans, qu'irréprochable dans ma conduite politique, mes principes sont immuables comme la nature ; comptez que si la probité, l'amour de son pays et les vertus sont devenus des crimes, j'ambitionne le sort glorieux des martyrs de la Liberté ; victimes glorieuses et immortelles du despotisme et de la tyrannie ? Caton ? Aristide ? Sydney ? comme vous j'ai sçu, je sçaurai tout souffrir et s'il le faut périr pour la liberté de mon pays ; les longues persécutions de la tyranie m'ont appris toujours à mépriser la vie et à désirer le repos d'un trépas glorieux.

Dans tous les cas, Citoyens Représentans, faites-vous rendre compte de l'acte d'accusation et de l'étrange procédure dirigées contre un pauvre mais vertueux républicain. Plus de quatre cents pièces qui le composent vous feront connaître et les ambitieux qui m'ont proscrit et le but de mes tyrans et le courageux dévouement d'une victime qu'ils auront assassinée pour n'avoir pu la corrompre.

Mogue.

XXI (1)

A la Citadelle de Mézières, le 8 messidor de l'an 3 de la République, une et indivisible (2).

Mogue, détenu à la citadelle de Mézières, au citoyen archiviste de la Convention Nationale

CITOYEN REPRÉSENTANT,

Je t'invite à me faire expédier l'extrait du procès-verbal de l'Assemblée Constituante du 5 ou du 6 juillet 1791, qui doit faire mention d'une dénonciation que je lui adressais sous la date du 2 du même mois, relativement à l'arrestation et à la traduction devant l'administration du département des Ardennes d'un émissaire du traître Bouillé, nommé Adam, de Gédine (3), pays du duché de Luxembourg, que cet émigré avait chargé de porter à la femme Desrousseaux, de la verrerie royale de Monthermé (4), un paquet de correspondance liberticide qu'elle devait distribuer entre officiers, les aristocrates (qui depuis ont émigré) des régiments de Mestre de Camp, Dragons-Royal, de Vaisseaux et d'Hesse d'Armstadt, en garnison à Charleville, Mézières et Sedan. Cette dénonciation civique, que je rédigeai au nom des gardes-nationaux et des patriotes des communes limitrophes du duché de Luxembourg, était principalement dirigée contre les administrateurs du Directoire du département des Ardennes qui, malgré les preuves de conviction, avaient prononcé la mise en liberté de la femme Desrousseaux, du nommé de Précorbin, émigré, qui avait été arrêté chez elle, à Monthermé, au moment de son arrestation et de sa traduction à

(1) L'original porte cette note :
Dans le procès-verbal des dix premiers jours de juillet 1791, il n'est point fait mention de la dénonciation ci-contre.
12 messidor, an III.
L'un des Représentants du peuple commissaire aux archives de la République.
P. C. L. BAUDIN.

(2) 26 juin 1795.

(3) Chef-lieu de canton de la province de Namur.

(4) Chef-lieu de canton des Ardennes, arrondissement de Mézières.

Mézières. Si cette dénonciation n'est pas mentionnée au procès verbal de l'Assemblée constituante à l'époque des 5, 6 ou 7 juillet 1791, elle est du moins consignée sur les procès-verbaux du Comité de correspondance et dépêches de la Représentation nationale à cette époque ; fais m'en donc expédier un extrait, Citoyen archiviste. J'ai besoin de cette pièce pour concourir à ma justification devant le tribunal des Ardennes que le Comité de Sûreté Générale a chargé de me juger par arrêté du 15 germinal dernier.

Je compte sur ta justice, ton zèle et ton activité.

Salut et fraternité,

MOGUE.

ANNEXES

I

J'ai fait assigner pour être entendus le décadi, 10 messidor, dans mon procès, et à ma décharge :

Les citoyens Potoine père et fils, de Gespunsart ; Rillet fils ; Potoine-Gendarme, Regnauld-Lhommelet, Dauchy, Cuif et Blanchet membres de la municipalité de Vautrincourt (1) ; Gilson et Moulinay père, municipaux à Mohon (2) ; Tortuaux l'ainé, J.-B. Colard, municipaux à Prys (3) ; Carmeaux, Cama l'ainé et Cama le jeune, Faynot, municipaux à Lumes.

***

J'ai écrit à Goffinet, le 8 messidor, en lui envoyant 6 l. 10 s pour faire assigner le citoyen Antoine Fontaine, concierge de la citadelle de Sedan, à venir déposer le 12 courant.

***

Le 9 messidor, j'ai remis à l'huissier Fey, la liste des citoyens David, coutelier ; Aubry, menuisier ; Gillet ; Drouët, demeurant à Mézières ; Michaux demeurant au Pont d'Arches (4), tous cinq ci devant membres du Comité de surveillance de Mézières.

Des citoyens Jacques-Lhoste, Blanchegorge, Jacquet, jardinier et Jaillot-Haguenin, tous quatre ex membres du Comité de surveillance de Libreville (5), y demeurant.

Pour être entendus sur sa citation le 14 du courant, messidor an III.

MOGUE.

(1) Aujourd'hui Saint-Laurent, commune du canton de Sedan.
(2) Commune du canton de Mézières.
(3) Prix, commune du canton de Mézières.
(4) Faubourg de Mézières.
(5) Ancien nom révolutionnaire de Charleville.

II

Du 14 prairial an III (1).

La Bastille du démocrate
ou
Sonnet dédié aux amis de l'Égalité et de la Liberté

Toujours avec honneur, j'ai servi la patrie,
J'ai combattu les rois et les conspirateurs ;
J'ai frappé l'imposture et l'aristocratie,
J'ai ravi l'innocence au fer des oppresseurs.

Jamais l'ambition, ni la cruelle envie
Ne porta, dans mes flancs, ses poisons corrupteurs ;
La vertu, le civisme ont seuls guidé ma vie,
Et ceux que j'accusai sont mes persécuteurs !

Eh bien ! de mes travaux qu'elle est la récompense ?
De mes anciens bourreaux l'arbitraire puissance
Depuis dix mois m'enchaîne au fond d'un souterrain !

O Marat ! ô Châlier !... immolés par le crime,
Votre sang affermit les droits du souverain !
Frappez, tyrans... s'il faut encore une victime !...(2).

Mogue,

Propagateur des droits de l'homme.

(1) 2 juin 1795.
(2) Ce sonnet valut à son auteur la réponse suivante :

Oses-tu prononcer le nom de la Patrie,
Toi qui guidas le fer de ses dévastateurs,
Egorgeas l'innocent, assouvis ta furie
Dans le sang regretté de ses vrais défenseurs.

Ennemi des vertus, monstre pétri d'envie,
Même enfant, tu soufflas les poisons corrupteurs
Qu'avait vomis l'orgueil dans ton âme avilie,
Les crimes, les bourreaux furent tes protecteurs.

Tes forfaits odieux avaient crié vengeance,
Le peuple soulevé ressaisit sa puissance
Et plonge son Néron au fond d'un souterrain

Invoque de Marat les mânes sanguinaires
Le Dieu des égorgeurs est ton seul souverain,
Pour nous, mort aux Tyrans ? telles sont nos prières.

Au bas de cette réponse et de la main de Mogue :

Tout anonyme est d'un lâche ; l'individu qui m'a remis cette parodie prosaïque de mon

III

12 (1) et 14 (2) prairial an III.

Liste des Jurés spéciaux et révolutionnaires qui ont été choisis pour prononcer sur l'accusation dirigée par l'accusateur public du tribunal criminel du département des Ardennes contre Nicolas-Memmie Mogue et ses quatorze compagnons d'infortune (3).

Sçavoir :

Massu, marchand à Charleville.
Pihet, officier public à Charleville.
Vaillant, marchand.
Picot, aubergiste, au Pont d'Arches.
Paris, préposé aux subsistances, à Mézières.
Le Laurin, de Dom-le-Mesnil (4).
Descarreaux, aubergiste à Charleville.
Pérard, notaire à Charleville.
Boucher, commis du département, à Mézières.
Tonnelier, peintre à Charleville.
Lejai-Desté, municipal à Charleville

IV

Liste des citoyens à entendre (5)

Cama, l'aîné.
Cama, le Jeune.
Carmeaux..... Faynot, secrétaire greffier, à Lumes.
Dauchy, municipal.
Cuif, municipal.
Billet, fils, secrétaire.
Potoine, le Jeune.
Renaud, notable.

sonnet intitulé : *la Bastille du démocrate*, le 17 prairial, en présence du poste voisin de ma Bastille, et nommément des citoyens Robinet, brasseur à Charleville, Hiver, aubergiste, et Tonnelier, peintre, Orbette, commis, et autres, se nomme Ravet, employé à Mézières et ci-devant commis au Comité ci-devant de Salut public de Mézières, dont j'étais le vice-président ; et Ravet, qui a été expulsé du Comité pour cause d'incapacité est l'ennemi naturel de Mogue, l'auteur du sonnet : Ce Ravet est déserteur d'un bataillon de Paris à l'époque du mois d'avril 1793 ; il a été un des faux témoins et des calomniateurs les plus impudens qui se sont distingués par leur scélératesse dans le procès du Propagateur des droits de l'homme.

MOGUE.

(1) 31 mai 1795.

(2) 2 juin 1795.

(3) L'original porte en marge : choisis exprès à Mézières et Charleville suivant toutes les probabilités.

(4) Commune du canton de Flize.

(5) Cette liste a été dressée par Mogue ; on lit en marge : Aucun de ces témoins n'a pu être entendu. Outre les noms que nous dounons, Mogue avait également désigné, et rayé plus tard : Warin, carieur ; Cocu, municipal ; le Comte, armurier, au Theux ; Desrousseaux fils, à Charleville ; Blanchet, bourrelier ; Benoit, huissier ; Pierson.

(*a*) Commune du canton de Mézières.

Vrigne-aux-Bois

Barthelémy-Camion, laboureur.
Son épouse, la citoyenne Le Prince.
Coffin et son épouse.
Thiéry-Simonet, à St-Mange (1).
Le Prince, au Vivier Guyon (2).
Noël, concierge à Mézières et son épouse.

* * *

Ernouf, de Carignan (3).
Rambourg, fils ainé, éperonnier.
Potoine (de Gespunsart) (4) père.
Potoine fils.
l'Epinois et sa femme (de Vouziers).
Legrand (de Coucy) cabaretier, district de Rethel.
Rambourg, éperonnier à Charleville
Desrousseaux, fils ainé, négociant à Charleville.
Blanchet, bourrelier à Charleville.
Poulain, du Pont de Pierre.
Brezolles, armurier à Charleville.

V

Liste des témoins qui devront être entendus dans mon procès à commencer le 25 prairial de l'an 3 (5).

Sçavoir :

De Sedan

Lambert, juge de paix.
Garet, père.
Luzer, fusilier, Marie Ragout, fusilier, ne disent rien.
Daime, fils.
Lorillière ; Laneau, agent de police, récusés comme mes dénonciateurs le 16 brumaire l'an III.
Pre Voirié, canonnier.
Onésime Tisson dit Ferdinand, dénoncé et m'a voulu percer de son sabre dans ma prison.
Jean Desur, notable, autrichien.
Michel Cheneva, adjudant, capitaine de la place.
Pre Fournier, perruquier.
Ferdinand Poulet.
Monroux.
Oudinet.
Isaac, fusilier (Isaac dénommé), récusé.
Gibout, étapier (Cousin germain de Gibout-Vermon, guillotiné et frère de Gibout contre qui j'ai témoigné).
Motise, caporal.
Clairon, administrateur, neveu de Deshayes — récusé.

(1) Commune du canton de Sedan.
(2) Dépendance actuelle de la commune de Montcy-Saint-Pierre.
(3) Chef-lieu de canton de l'arrondissement de Sedan.
(4) Commune du canton de Charleville.
(5) 13 juin 1795.

De Rethel

Monclin fils, agent national.
Dufour, officier de santé.

De Saulces-aux-Bois (1)

Pierre Rogelet, agent national.
Jacq. Philbert.
Pierre Dervin.
Pre Blavier.
J.-B. Lejeune.
J.-B. Serville.
Jean-Jacques Desté.
Lefebvre, Président.

De Vouziers

Cazeneuve, apothicaire.
Desertine.
Buquinet.

De Marat-sur-Aisne

Nas Pérard.
Pre Duval.
Laignier.
Nas Germain.
Elizabeth Majot.
Marie Louise Dejardin, femme Bouché.
Marguerite Froment.
Nas Ligier.
Richard, Louis.
Louis Crequy, cultivateur.
François Lallemand, perruquier.
Pre Reneuf.

D'Etrepigny (2)

Le Roi, cultivateur.
Lefebvre, aubergiste.

De Renwez (3)

Montjean, juge de paix à Renwez.
Noël, concierge.
Bourquin.
Robert, ex commis au département.
Fauçin.
Blanchot.
qui m'ont dénoncé
Récusés.

VI

Témoins à décharge

Que Nicolas-Memmie Mogue invite le citoyen Fey, huissier, d'assigner pour venir déposer le sept du courant, les 10 heures du matin, sur sa probité, sur les principes philosophiques et populaires qu'il a toujours manifesté avant et depuis la Révolution :

(1) Aujourd'hui Saulces-Monclin, commune du canton de Novion-Porcien.
(2) Commune du canton de Flize.
(3) Chef-lieu de canton de l'arrondissement de Mézières.

Les citoyens Dauchy, Cuif, officiers municipaux à Ville sur Lumes ; Regnauld fils, notable, Potoine. Gendarme, ci devant membre du Comité de surveillance à Vautrincourt dit St Laurent ; Blanchet, officier municipal à Romery (1) ; les citoyens Carmeaux, Cama l'ainé et Cama le jeune, tous trois officiers municipaux. Potoine père et Potoine fils, ancien magistrat du Peuple, à Gespunsart, Tortuaux l'ainé, officier public et Collard, aussi officier municipal à Prys les Mézières.

Ce quatre messidor (2) de l'an III de la démocratie française.

MOGUE.

(1) Ecart de la commune de Saint-Laurent.
(2) 2 juin 1795.

TABLE ANALYTIQUE DES MATIÈRES

CORRESPONDANCE

I. — *Détention de Mogue à la citadelle de Sedan*

ANNEXES

II. — *Détention de Mogue à la citadelle de Mézières*

ANNEXES

TABLE ALPHABÉTIQUE

(Les noms géographiques sont en *italiques*)

C

D

E

F

G

M

N

O

P

T

V

www.ingramcontent.com/pod-product-compliance
Ingram Content Group UK Ltd.
Pitfield, Milton Keynes, MK11 3LW, UK
UKHW012028240726
13965UKWH00002B/644

9 782013 040884